"Yo sé que mi Redentor vive,

Y al final se levantará sobre el polvo.

Y después de deshecha mi piel,
Aun en mi carne veré a Dios;

Al cual yo mismo contemplaré,
Y a quien mis ojos verán
y no los de otro.

¡Desfallece mi corazón dentro de mí!"

Job 19:25-27

Dedicado a mi Redentor,
Jesucristo

Yo Sé
que
Mi Redentor Vive

Mi Testimonio

Jaime Simán

Primera Edición con algunas correcciones. Mayo del 2023.
Publicado por: The Word For Latin America. P.O. Box 1002,
Orange, CA 92856

www.elvela.com

Escrituras bíblicas tomadas de la Nueva Biblia de las Américas, y
de la Biblia de Las Américas © 1986, 1995, 1997 by The
Lockman Foundation. Usadas con permiso.

"Porque Tú, oh SEÑOR,

me has alegrado con Tus obras,

Cantaré con gozo

ante las obras de Tus manos."

Salmo 92:4

ÍNDICE

Jonathan Edwards (1703-1758) opinó que *"de todos los conocimientos que podamos jamás obtener, los más importantes son el conocimiento de Dios, y el conocimiento de nosotros"*.

El profeta Oseas declaró: *"Conozcamos, pues, esforcémonos por conocer al SEÑOR. Su salida es tan cierta como la aurora, Y Él vendrá a nosotros como la lluvia, Como la lluvia de primavera que riega la tierra."* Oseas 6:3

Este libro trata de mi Redentor, de un Dios vivo, de su existencia real, de su manifestación tanto en palabra como en hechos. Pero no en forma teórica, sino experimentada por mi persona, en mi vida, en la práctica, tal como lo revelan los eventos que acá comparto.

El Creador es un Dios que se manifiesta hoy en día, en la realidad, en la práctica, en las experiencias que Él soberanamente autoriza o diseña para nuestra existencia. Muchos, a lo largo de la historia, lo han podido comprobar, y usted también, si abre su corazón a Él, lo puede comprobar.

Me es claro que la realidad experimentada personalmente no es posesión exclusiva mía, es un despliegue del carácter y del obrar de Dios, por lo que debe ser compartida para la gloria de Dios. Es decir, para la admiración, el asombro, la alabanza y el temor que debe causar Dios por su palabra y obra.

Dios se manifiesta de diversas maneras. Una de ellas es a través de su maravillosa obra creadora. Tal como exclamó David en el Salmo 19: "*Los cielos proclaman la gloria de Dios y el firmamento anuncia la obra de sus manos*".

Dios También se manifiesta por medio de su revelación escrita, las Sagradas Escrituras. Tal como escribió el apóstol Pedro: "*Ante todo sepan esto, que ninguna profecía de la Escritura es asunto de interpretación personal, pues ninguna profecía fue dada jamás por un acto de voluntad humana, sino que hombres inspirados por el Espíritu Santo hablaron de parte de Dios.*" 2 Pedro 1:20-21

Dios también se manifiesta, y se ha manifestado, a través de sus interacciones, obras y acciones entre los hombres y mujeres, pueblos y naciones, a lo largo de la historia de la humanidad.

A Dios lo podemos conocer, pues, por medio de la creación física del Cosmos, por medio de las Escrituras, y por medio de los testimonios de hombres y mujeres con que Dios trata.

Es importante tomar en cuenta, sin embargo, que la creación se encuentra afectada por el pecado en el Edén, por la corrupción que entró al universo como consecuencia de la desobediencia de Adán. Además, el testimonio de la creación cósmica, y la vida, no basta para llegar a tener un conocimiento completo de Dios, la salvación y sus promesas eternas.

También debemos reconocer que, tal como lo dijo el Señor Jesús (Lucas 18), tal como lo expresó David en los salmos (Salmo 14), y tal como lo indicó el apóstol Pablo (Roanos 3), no hay nadie justo ni bueno, sino solo uno, Dios. Por lo tanto, los testimonios personales, eventos, sueños y visiones que consideramos, deben ser interpretados a la luz de las Escrituras, sobre todo que el corazón del hombre es engañoso, tal como lo expresó el profeta Jeremías (Jeremías 17:9-10).

El hombre puede ser usado, y manipulado, por Satanás, quien además se disfraza como ángel de luz (2 Corintios 11:14). Todo testimonio debe ser confirmado por el Espíritu Santo, evaluado bajo el lente de las Escrituras, con las cuales debe armonizar.

La Biblia es el lente, pues, a través del cual, podemos estar seguros de que, lo que asimilamos, es verdad y de provecho.

Tal como expresó el salmista: *"La suma de tu palabra es verdad, y eterna cada una de tus justas ordenanzas."* Salmo 119:160. Tal como lo expresó Jesús en su oración al Padre, antes de ir a la cruz: *"Santifícalos en la verdad, tu palabra es verdad."* Juan 17:17

En cuanto a la manifestación de Dios en el ser humano, podemos ver en las páginas de las Escrituras el obrar de Dios con los hombres.

Las historias de Sodoma y Gomorra, la historia del Diluvio Universal, y los muchos eventos narrados en el Antiguo y Nuevo Testamento nos muestran a Dios obrando en su creación.

Sus acciones y mensajes revelan su carácter, su poder, su sabiduría, su justicia, su amor, su misericordia, sus propósitos, lo que le agrada y lo que le ofende.

También podemos conocer mucho de la naturaleza humana, de nuestra condición, y del camino a la sanidad y redención de lo perdido.

Todo ser humano, de una u otra manera, ha sido creado para la gloria de Dios. Algunos muestran que Dios es justo al condenarlos y rechazarlos con ira, por su corazón rebelde no arrepentido. Otros muestran que Dios es un Dios perdonador, lleno de amor y misericordia.

Unos son vasos de ira, otros vasos de misericordia. Unos están destinados para el día de la ira, otros para el día glorioso de salvación. Tal como escribió el profeta Daniel: *"Muchos de los que duermen en el polvo de la tierra despertarán, unos para la vida eterna, y otros para la ignominia, para el desprecio eterno. Los entendidos brillarán como el resplandor del firmamento, y los que guiaron muchos a la justicia como las estrellas, por toda la eternidad."* Daniel 12:2-3

Estas líneas han sido escritas para glorificar al Creador, quien escoge sus instrumentos sin mérito alguno en ellos, se revela a ellos, y los forma y usa para sus propósitos eternos.

Ante sus obras maravillosas no podemos quedar callados. Tal como exclamó el salmista, de igual manera exclamo *"Porque Tú, oh SEÑOR, me has alegrado con Tus obras, cantaré con gozo ante las obras de tus manos."* Salmo 92:4

Es mi deseo, que el lector sea animado con los testimonios compartidos. Es mi oración que sea estimulado a considerar a Dios, a conocerle de corazón, a experimentar su gran amor, gracia y poder; y si no lo ha experimentado, a experimentar el gozo y la certeza de la salvación de su alma.

¡HOLA MUNDO!

Nací en San Salvador, hijo de inmigrantes. Mi padre, Jorge José Simán, nació en Belén, la aldea donde nació nuestro Señor Jesús. A los 16 años viajó por barco a El Salvador, acompañado por su hermano Emilio. Mi abuelo había escogido El Salvador como país de residencia, donde le nacieron más hijos e hijas.

Mi madre, Margarita, conocida por muchos por Guiguitte, nació también en Belén, pero a los pocos días de nacida mis abuelos la llevaron a Paris, Francia, donde emigraron, y creció.

En un viaje al continente americano con sus padres, en su visita a El Salvador, mi mamá se enamoró de mi papá. Se casaron empezando una linda historia de amor. Tuvieron 6 hijos, yo siendo el menor, y no planeado, debido a la salud de mi padre. De hecho, cuando yo apenas tenía 14 días de nacido, mi madre viajó con mi padre de emergencia a EE. UU. Quedé al cuidado de mi abuela materna, Erlinda, esos días

Mi padre falleció dos días antes de mi segundo cumpleaños, apenas tenía 46 años. Mi madre perdía el amor su vida, la columna de su hogar. Su corazón ¡roto y desconsolado!

Mi mayor anhelo de pequeño era conocer a mi papá. Mi madre hablaba muy bien de él, era un gran hombre. El vacío de mi padre, la distancia de edad con mis hermanos, mi hermano mayor me llevaba 19 años, así como otros factores culturales, me brindaron unos primeros años muy difíciles.

La escuela no ayudó mucho. Cuando tenía 5 años, a mediados del grado, primer grado, me movieron a segundo grado. Recuerdo cuando mi hermano mayor me dio la noticia.

Ese cambio me trajo fuertes retos de ajuste. Algunos compañeros, de mayor edad, me lanzaban frases insultantes por mi origen palestino. La confusión que eso provocaba, y el sentir que no tenía alguien a quien acudir, me afectaba mucho.

La escuela se convirtió en un lugar muy incómodo, a tal nivel que perdí el apetito en el desayuno. El estrés que sentía era fuerte. Me presionaban a comer antes de partir a la escuela, pero terminaba vomitando. Empecé a tener problemas de aprendizaje. Me sentía solo en mi reto académico, lo cual produjo sentimientos de inferioridad.

Mi madre experimentaba depresión por la muerte y ausencia de mi padre, lo cual me entristecía mucho. Cuando tenía diez años viajé a México con mis hermanos Toto y Nina, gemelos que me llevaban tres años. Nos íbamos a encontrar con mi mamá en México para disfrutar vacaciones juntos. Fue un viaje muy feliz. Mi mamá venía de un viaje por Europa. En ese viaje visitamos la Basílica de Guadalupe. Mi hogar era católico, muy religioso y devoto a la iglesia católica, y a la Virgen María. Recuerdo que de rodillas le imploré a Dios tres favores: 1) Que mi mamá se casara. 2) Poder engordar. Era muy delgado por la misma situación emocional. En casa me llamaban "flaco", "peche" entre otros apodos. 3) Poder aprobar el año escolar. Dios concedió mis tres peticiones. Pasé el año escolar, empecé a ganar peso, y mi madre conoció a una persona muy noble, George, con quien terminó casándose. Pude ver las respuestas de Dios a mis peticiones.

Esas no fueron mis primeras experiencias espirituales. Cuando tenía unos seis a siete años de edad, recuerdo que se me había pegado un hábito indeseado. Juraba en vano por cualquier cosa. Tal vez veía una pelota, y entonces decía en mi mente "juro que la haré llegar hasta ese palo", y así juraba por todo. Me sentía inútil en vencer ese impulso. Sabía que no le agradaba a Dios. Una noche, sin embargo, soñé que vi al Señor Jesús sentado en un trono, que me dijo "ya no jures más." Y esas palabras me sanaron ¡literalmente! Ya no volví a jurar en vano.

La necesidad de mi padre terrenal, la necesidad de contar con esa protección y amor que Jesús ofrece, motivó grandemente que tuviera un corazón sensible a Dios, y me refugiara en Él como mi Padre.

De pequeño experimenté momentos muy profundos con el Señor. Cuando tenía ocho años leía revistas de historias ilustradas de hombres y mujeres de Dios, de los milagros que Dios hizo en medio de ellos, y de algunos que dieron sus vidas por Jesús. En una ocasión, inspirado, después de leer uno de esos "paquines", le dije a Dios: "un día quiero dar mi vida por ti, quiero ofrecerte mi vida." Muchos años después, entendí que a veces es más fácil morir por el Señor, que vivir día a día para Él.

Recuerdo otro momento profundo en mi vida espiritual siendo niño. En el colegio católico al que asistía, ofrecían la comunión en la mañana. Una mañana, después de comulgar y retirarme a la banca a rezar, recuerdo decirle a Dios: "Señor, aumenta mi amor por ti". Realmente era una oración inspirada por el Espíritu Santo. No la había aprendido de nadie, era el trabajo de Dios en mi vida.

En segundo curso mis notas estaban por el suelo. No entendía química, ni matemática, ni gramática. Historia era una materia que no me provocaba interés. La sentía muy árida e imposible de memorizar. Reprobé Historia. Tuve que estudiar durante las vacaciones y hacer un examen de reposición. Lo pasé "raspado", con 5.

Esa experiencia me sacudió profundamente. Le clamé al Señor. Le dije que no quería llegar a ser un adulto incapaz, fracasado. No entendía las materias que estudiaba y necesitaba que Él me ayudara, pues de otra manera ¡no saldría adelante en la vida!

El Señor escuchó mi clamor. Cuando entré al tercer curso empecé a prosperar académicamente, pasándolo bastante bien. En las vacaciones, antes de entrar al cuarto curso, se despertó en mí un enorme interés en la química. Compré un libro sobre química en esas vacaciones. Le pedí a mi mamá poder usar un cuartito de la casa, un closet, para convertirlo en un laboratorio para mis experimentos.

Recuerdo uno de los experimentos que hice por mi propia iniciativa en esas vacaciones, basado en el entendimiento que iba adquiriendo de los elementos químicos.

Mezclé dos ingredientes en polvo. Los calenté en el quemador bunsen. Pronto se produjo una reacción exotérmica. La mezcla agarró fuego, y se produjo una enorme nube de humo denso, de unos 50 centímetros de altura sobre el suelo, que llenó buena parte de la casa. Echarle agua no ayudó. Gracias a Dios logré apagarlo con un extinguidor químico que tenía a la mano.

En cuarto curso di un brinco académico. Dominaba muy bien trigonometría, química, física, y otras materias.

Solíamos ir con alguna frecuencia al Lago de Coatepeque, cerca de la ciudad de Santa Ana. Un emigrante español, Jacinto Bustillo, tenía un hotel en el lago, Hotel el Lago. Su hijo Juan fue compañero mío en tercer curso y bachillerato. Nos hicimos muy buenos amigos. Muchas veces hicimos las tareas juntos.

Juan era una inspiración para mi persona. Un joven maduro, responsable, buen amigo y excelente estudiante. Era el número uno en la clase. Su amistad fue definitivamente clave en mi salto académico.

En el cuarto curso teníamos un excelente profesor de química, era de origen yugoslavo, le apodábamos "Chele Beto". Yo era su alumno favorito. Sacaba 10. Cada día, al inicio de la clase, nos hacía un pequeño examen de química. Revisaba rápidamente las papeletas en frente de todos. Cuando veía mi papeleta, decía, "Es de Simán, ¡Diez!".

Me apasionó la química. Adquirí muchos componentes químicos. Produje pólvora, fabriqué algodón pólvora, fulmicotón, ácido nítrico, jabón, entre otras cosas. Empecé a realizar mis propias invenciones. Diseñé unas "granadas" de mano de mi propia invención. Halabas una pita, y se encendía la pólvora activando un mortero que al estallar lanzaba clavos. Por supuesto nunca lo use contra nadie, ni tenía interés político o subversivo.

En una ocasión inventé una mezcla pastosa, formé con las manos unas pelotitas. Cuando me fui a lavar las manos, escuché fuertes detonaciones. Las pelotitas explotaron violentamente sin necesidad de añadirle chispa o fuego. ¡Dios me salvó los dedos y las manos! Logré repetir el experimento, y determinar el tiempo que transcurría la mezcla antes de explotar.

En un par de ocasiones, dentro de mis travesuras, puse la mezcla en un lugar seguro del colegio, unos cinco minutos antes de la hora de entrada en la tarde. A los diez minutos de haber entrado, detonaba fuertemente.

La colocaba en un lugar donde no causara daño, solo una fuerte detonación. En una ocasión el director, a quien le llamábamos cariñosamente "Chepe Bala", sonriendo me dijo: "Tú haz de ser el de esas detonaciones." Por supuesto que lo negué, pero ¡dejé de hacerlo!

Max Narváez era un buen amigo mío también. Con él hicimos varios experimentos en el laboratorio. Él estaba interesado en que produjéramos TNT. Ahí sí no me atreví a fabricar dinamita. El riesgo de volar toda la casa y nuestras vidas ¡era demasiado!

A partir de tercer curso, el colegio se había convertido finalmente en una agradable experiencia, con buenos amigos y éxito escolar, gracias al Señor. ¡Lo sabía!

En quinto curso seguí avanzando y destacándome. A tal nivel que, en la ceremonia de graduación, a mi sorpresa, fui abanderado. Eso era totalmente ¡un milagro! Solo Dios pudo haberme llevado del fracaso a la cima en tal forma.

Había empezado a entender, por experiencia propia, que Dios es un Dios que hace posible lo humanamente imposible. Dios responde a quienes lo buscan de corazón, a quienes recurren a Él en su necesidad.

Una Carrera Con Propósito

En quinto curso, en 1970, contemplaba qué carrera tomar en la universidad el siguiente año. Recuerdo mis conversaciones con un buen amigo, el sacerdote católico colombiano, Hernando Martín Abad. Él era amigo de la familia, y nos visitaba con frecuencia, teniendo gran influencia en mi persona.

Para mi carrera consideraba dos posibilidades, Administración de Empresas o una carrera en química. Administración de Empresas ofrecía un atractivo, dado el trasfondo de mi familia por parte de mi papá. Mi abuelo José Jorge, junto con mi papá y sus hermanos menores, fundó el almacén "José J Simán e Hijos". Dicho negocio, en su tiempo, prosperó convirtiéndose en las exitosas Almacenes Simán. Los negocios ¡corren por las venas de mi familia paterna!

Mi madre y hermanos nos habíamos separado, sin embargo, del negocio del almacén allá por el año 1967, cuando mi mamá se casó por segunda vez. La separación involucró un distanciamiento familiar también, pero la relación entre mi mamá y mis tíos se restauró posteriormente.

Sentía mucho amor por la química, y la posibilidad de usar mi profesión para el desarrollo tecnológico del país. La decisión requería valentía y confianza en Dios. Finalmente decidí por la química, y en particular por la Ingeniería Química, debido a que la consideraba de gran aplicación práctica, y un mayor campo de oportunidades.

Mis hermanos mayores habían estudiado en el exterior. Sin embargo, debido a situaciones económicas familiares, me inscribí en una universidad local. Mi tío Filo, hermano de mi papá, en esos días me había hecho saber, a través del cura Abad, que estaría dispuesto a ayudarme en lo que necesitara para mis estudios. Sin embargo, sentía que debía depender de lo que mi mamá me pudiera ofrecer.

Me inscribí en la Universidad Católica José Simeón Cañas (UCA). La UCA era una buena universidad, y de prestigio nacional. Además, la recomendación por parte del Padre José María Gondra, Secretario de la UCA, quien era gran amigo de la familia, fue de mucha influencia en la decisión. La carrera de Ingeniería Química contaba con excelentes profesores.

Me entregué, de corazón, y gran dedicación a estudiar la carrera. Finalmente me gradué con el mayor promedio académico. Reconociendo la mano de Dios en mi desarrollo académico y profesional, dediqué mi tesis al Señor Jesús.

Dos Grandes Pérdidas

Mi padrastro, George Beran, era una persona muy noble, de naturaleza mansa y bondadosa. Él era checoslovaco, de origen judío. Había escapado de los nazis para pelear, junto con los aliados, contra Hitler y sus fuerzas en la Segunda Guerra Mundial. Al final de la guerra vivió en Cuba unos años, donde aprendió español, para luego emigrar a Estados Unidos.

Mi mamá y George se conocieron en New Orleans allá por 1966. Se llevaban muy bien con mi mamá. Dios había sido muy bueno con ella al proveerle un segundo y buen esposo. Mi padrastro no solo fue de mucha bendición para mi mamá, también lo fue para mí, en muchos sentidos. Nos llevábamos muy bien, y le guardaba mucho respeto y afecto. Por cierto, lo llamaba "Daddy", el equivalente a "Papá" en español.

Ya que mi padrastro hablaba inglés, decidimos él y yo hablar inglés en casa para pulir mi inglés, lo cual me fue de mucha ayuda cuando fui a Canadá a sacar mi maestría en Ingeniería Química.

En una ocasión, allá por 1973, cuando estaba estudiando en la universidad, en El Salvador, soñé la muerte de mi padrastro. Dicho sueño se volvió realidad al poco tiempo.

Mi padrastro fue diagnosticado con cáncer del pulmón, muriendo a los dos meses del diagnóstico. Mi mamá solo pudo disfrutar ocho años de casada con George, enviudando por segunda vez.

En otra ocasión soñé a mi hermana Nina. La escena era apocalíptica, estábamos en un evento cósmico flotando en el espacio, mi hermana alejándose como si arrastrada por un huracán, mientras yo salía ileso. El sueño me impactó mucho. No lo compartí con nadie. Mi hermana murió muy joven, al poco tiempo de ese sueño, solo tenía 23 años de edad.

Ambos sueños no fueron ordinarios. Al despertar de cada uno de ellos, sentía una realidad profunda, inexplicable.

La muerte de mi hermana me causó gran dolor. El primer ramo de rosas que le di a una mujer fue a ella, se la había llevado cariñosamente el día antes que se agravara, sin motivo alguno en especial. Fue en 1975, en la época del Concurso Miss Universo, el cual se realizaba en El Salvador.

Mi hermana se agravó inesperadamente. Recuerdo el momento en que mi hermano Mauricio, que iba saliendo del hospital, me informaba de la condición grave de Nina. Presentí en mi corazón que ella no iba salir de esa situación. Y efectivamente, falleció a los pocos días.

En ese año me gradué de Ingeniero Químico. No pude compartir mi éxito y gozo ni con mi hermana, ni con mi padrastro.

La muerte de mi hermana fue muy triste. Mi corazón solo encontró sosiego muchos años después, en 1984, cuando tuve un encuentro con Jesús. Entonces volví a verla, en un sueño. ¡Fue tan vívido! Tan pronto me levanté, escribí un poema expresando la esperanza y urgencia del evangelio.

POSTGRADO

Contando con excelentes recomendaciones de mis profesores, y del Rector de la UCA, fui admitido al programa de Postgrado de McGill University, una universidad de prestigio internacional, localizada en Montreal, Canadá.

Tomé materias de postgrado en Polímeros, Procesamiento de Plásticos y Termodinámica, campo en el cual hice mi tesis de investigación. Mi trabajo de investigación fue publicado en el Canadian Journal of Chemical Engineering. Fui también asistente de profesor en la materia de Termodinámica.

Me destaqué en la universidad, tanto por mi desempeño en los cursos que tomé, como por mi trabajo de investigación. Mis profesores escribieron bellas cartas de recomendación, las cuales todavía guardo con agradecimiento a Dios.

Decidí regresar a El Salvador en 1978 en lugar de procurar el doctorado en mi campo, considerando que la práctica de los conocimientos ya adquiridos era importante y suficiente para mis metas.

TRES AÑOS TUMULTUOSOS 1978-1981

Cuando regresé a El Salvador, al terminar mi programa de maestría en Canadá, esa misma noche, me sorprendió ver una fila de soldados, camuflajeados, pasando en frente de mi casa.

La situación política y social del país, se había deteriorado precipitosamente en los dos años que había estado ausente. En una de las avenidas principales de la capital, el Boulevard los Héroes, circulaban tanquetas militares con soldados desplegando sus ametralladoras. El país estaba al borde de una cruenta guerra civil.

Acabando de regresar al país, mi tío Filo, en una visita que hice a los Almacenes Simán, me llevó a su oficina, y me expresó su disponibilidad para invertir en algún proyecto conmigo. Él pondría los fondos, yo mis capacidades profesionales.

Realmente, su gesto mostraba no solo su confianza en mi formación profesional, mas también su preocupación por uno de los hijos de su hermano mayor, que había muerto joven. Deseaba apoyarme. Mi corazón guarda gratitud a él. A pesar de su generoso gesto, sentí que no era el paso que debía dar.

Dios estaba moviendo mi corazón a tomar las decisiones que me llevarían por el camino de su perfecto propósito en mi vida. Tal como expresó el salmista: *"El SEÑOR cumplirá su propósito en mí. Eterna, oh SEÑOR, es tu misericordia. No abandones las obras de tus manos."* Salmo 138:8

Consulté con un ingeniero que había sido profesor mío en la UCA, quien me valoraba mucho, e iba dirigir un proyecto nacional de gran importancia. Lamentablemente, debido a la situación del país, el proyecto se canceló.

La UCA me ofreció plaza como docente, per sentí la necesidad de desarrollar primero mi carrera en el campo práctico.

Acepté una oferta de trabajo con SIGMA. Fui contratado como Gerente de Investigación y Desarrollo por Tecno-Plásticos, una de las divisiones de SIGMA. Estaba a cargo de la formulación y producción de los compuestos de PVC, del desarrollo de un laboratorio de Control de Calidad, así como del desarrollo e implementación de nuevos productos y procesos. Disfrutaba mucho mi carrera y puesto.

Lamentablemente la situación política se iba deteriorando cada vez más. Los encuentros entre la guerrilla y el ejército eran frecuentes. Los secuestros y asesinatos eran noticia diaria.

Me casé en 1979. En una ocasión, manejando con mi esposa estando embarazada, nos encontramos de repente en una intersección donde estalló un enfrentamiento entre el ejército y la guerrilla. Recuerdo ir huyendo del lugar, en la línea de fuego. El incidente me hizo considerar seriamente salir del país.

La situación era imposible. Los proyectos tecnológicos nacionales estaban estancados, y la violencia se incrementaba más cada día.

Nació mi hija. Recuerdo una tarde, en que ella se había enfermado. Tuvimos que correr al hospital, antes de que entrara la hora del Toque de Queda. Si te quedabas en el camino después del Toque de Queda, te podías considerar ¡por muerto!

En otra ocasión, hubo disparos de metralleta en frente de su cuarto. Tuve que entrar y sacarla de su cunita, pensando que en cualquier momento las balas atravesarían la pared.

A principios de 1981 la guerrilla lanzó una ofensiva general. Una tarde de enero, como a las 6:00PM, se oyeron estruendos de bombas, metralletas y cañones. La energía eléctrica se fue. Las luces se apagaron. Las estaciones de radio de todo el país estaban mudas.

Pasamos la noche atentos a cualquier noticia. De repente salió al aire una estación, la guerrilla la había tomado, declarando haber tomado el cuartel militar de Santa Ana, la segunda ciudad más importante del país.

El día siguiente fui a la planta, situada en Mejicanos, una colonia bastante conflictiva del país. La situación era grave. El Gerente de Planificación nos comunicaba por teléfono que no podía salir de su casa, debido a los tanques y enfrentamiento que había en frente.

La situación era grave en la capital. Tuvimos que cerrar la fábrica huyendo del lugar. La guerrilla venía avanzando hacia la planta, tomando y quemando buses. Las balas se oían de cerca. Los alzados en armas estaban a la vista, hubo muertos.

¡HOLA ESTADOS UNIDOS!

Tomé la decisión de emigrar a otro país. No fue fácil, no la tomé impulsivamente. Me despertaba de madrugada, y caminaba en la sala pensando y considerando la decisión, ¡hasta que la tomé!

Contacté por correo a varias compañías en México y Estados Unidos. Hice una breve visita a Miami, donde mi hermano Mauricio, quien ya había emigrado, me recibió en su casa.

En dos semanas visité varias compañías reconocidas en la industria química. Realmente, viendo hacia atrás, me impresiona cómo, en dicho viaje, logré contactar y reunirme sin previa cita con vicepresidentes de grandes corporaciones.

Llegaba a la corporación, veía donde estaba ubicada la oficina del alto funcionario, y me presentaba diciendo que venía de El Salvador.

En una de esas visitas, un alto ejecutivo me dio personalmente un tour de la planta de policarbonato. Realmente Dios estaba abriendo el camino por donde me quería llevar.

Viajé también a México. Visité la planta de Kimberly Clark en Orizaba, Veracruz. La compañía se había interesado en mi currículo. Pronto recibí una oferta de trabajo.

Decidí, sin embargo, esperar a la cita de la embajada norteamericana antes de aceptar la oferta de Kimberly Clark. Había aplicado a la Embajada de Estados

Unidos para la visa de Residente Permanente, la "Green Card".

Normalmente tomaba muchos meses para que la embajada de EE. UU. diera la cita después de recibir la aplicación. Sin embargo, la cita me llegó sorprendentemente pronto.

El cónsul me dijo que no me podía dar la visa para emigrar porque no tenía contrato de trabajo en Estados Unidos. Pero Dios es maravilloso. En su soberanía y propósito, me dio sabiduría y astucia sobrenatural.

Llevaba dos cartas claves conmigo a la cita. Altos ejecutivos de dos compañías que había visitado en Miami expresaban, en dichas cartas, que no podían ofrecerme oferta de trabajo por no tener visa de residente. Le respondí, pues, al cónsul: "Esta es una situación interesante. Usted no me da la visa porque no tengo trabajo en EE. UU. y compañías prestigiosas de EE. UU. no me extienden oferta de trabajo por no tener visa para emigrar." Le mostré entonces las dos cartas. El cónsul se sonrió ante mi respuesta, leyó las cartas, y con una sonrisa me otorgó la visa.

Vi definitivamente la mano del Señor. Salí de la embajada cantando de alegría. Una nueva aventura, un futuro emocionante, un nuevo horizonte lejos de la guerra y violencia que destruía al país.

Compartía con mi tío Filo, un domingo, unas semanas antes de emigrar, mi preocupación por los secuestros y asesinatos. Mis tíos son dueños de las Almacenes Simán. A los pocos días, secuestraron a mi tío Filo. Lo tuvieron secuestrado seis meses en una pequeña celda, tratado muy inhumanamente. Solo Dios, en su gran misericordia, preservó su sanidad mental y emocional. Mi tío Filo, era un hombre muy noble y generoso, amante de El Salvador.

Rematé mi carro y los muebles que tenía, a precios muy bajos. El país estaba en guerra, y el precio de todo lo que uno procuraba vender, estaba por el suelo. Partí hacia Estados Unidos con mi esposa e hija. Escogí Houston, Texas como mi centro de operación para buscar trabajo.

Me ofreció hospedaje en su parroquia el sacerdote Abad, quien había emigrado a Estados Unidos, escapando de la guerra de El Salvador. Recuerdo una ocasión que entré al templo fuera de las horas de servicios religiosos. Estaba vacío, no había nadie. Hablé con Dios, le pedí que me ayudara a encontrar trabajo. Tenía esposa, embarazada, y una hija de apenas dos años por cumplir.

A pesar de que en esa época Estados Unidos atravesaba un periodo de recesión económica, fui contratado por una empresa de procesamiento de plásticos. La empresa está localizada en La Mirada, una ciudad cerca de Los Ángeles, en el Sur de California.

Me ofrecieron, en diciembre de 1981, la posición de Gerente de Producción. Había encontrado empleo en mi carrera apenas dos meses de haber llegado a Estados unidos. Partimos, pues, para California. Hicimos el viaje por carro desde Houston, Texas.

Al poco tiempo de tomar mi puesto en la empresa, descubrí muchas anomalías en el personal de la fábrica, las cuales necesitaban pronta corrección. Sentí que la vicepresidencia de producción no estaba respondiendo a las acciones que había que tomar, de acuerdo con mis observaciones. Adicionalmente, a mi esposa le asustó mucho el ambiente del Sur California, deseando que nos fuéramos a otro lugar.

Un sábado tomé una Biblia que llevaba conmigo. La abrí en los Salmos, y exclamé a Dios "Sácanos por favor de California". Para mi sorpresa, el lunes siguiente recibí una llamada telefónica de un "head hunter", una persona contratada por empresas grandes para contratar profesionales idóneos para las plazas abiertas que tienen.

Esta persona tenía mi currículo profesional. Cuando estuve en Texas había enviado copias a muchas empresas por todo el país.

La empresa interesada era nada menos que Westinghouse Electric, una prestigiosa compañía que en ese tiempo estaba dentro del grupo Fortune 50. Estaban buscando un Ingeniero de Materiales para su departamento de Investigación y Desarrollo en la planta de Athens, Georgia. Después de algunas entrevistas me ofrecieron la plaza, con muy buenos beneficios.

¡DIOS MÍO ¿DÓNDE ESTÁS?!

Viajamos al estado de Georgia, al Sur de los Estados Unidos, por avión. Westinghouse pagó los gastos de traslado, así como los del parto de mi esposa. Rentamos una casa en Watkinsville, un pueblito de unos 5,000 habitantes situado a poca distancia de Athens, una ciudad universitaria, y cerca de donde estaba localizada la planta.

Dick Buckley, el Gerente del Departamento que me contrató, era una excelente persona. Pronto me empezó a ir muy bien en mi trabajo. Al poco tiempo, mis innovaciones fueron publicadas en una revista técnica. Luego obtuve mi primera patente. Recibí una carta de reconocimiento por parte del Vicegobernador del estado de Georgia.

La casa, en Watkinsville, estaba ubicada en una zona muy pintoresca. Salía frecuentemente a correr por el campo. El lugar no estaba desarrollado, había mucha vegetación y árboles. Pájaros carpinteros, cardenales, y otros animalitos, embellecían el lugar.

Sin embargo, mi sueño de aportar al desarrollo social y tecnológico de El Salvador estaba en el suelo a causa de la guerra. El país que amaba estaba sangrando.

Las crisis, pugnas y confusión que la iglesia católica estaba sufriendo no era afirmante. El Salvador no solo estaba experimentando violencia civil, la iglesia tradicional católica también estaba en crisis.

Sacerdotes se involucraron en la política, algunos tomaron armas.

Empecé a sentir un gran vacío en el propósito de mi vida, el éxito profesional no lo llenaba. Había que hallarle sentido a la vida, tenía preguntas sin responder, había que hallar una fundación sólida en qué pararse.

Recuerdo una conversación que tuve un día con mi hermano Mauricio en Georgia. Mi hermano había viajado desde Miami para el bautismo católico de mi varón, que nació en junio de 1982.

Le dije algo así: "Mauricio, El Salvador está en guerra. Personas conocidas han muerto, muchos están en medio de la violencia que azota el país. Además, muchos no han tenido la oportunidad de tener una profesión como la hemos tenido tú y yo. Y acá estamos nosotros tan bendecidos. Dios debe tener un propósito para nosotros."

Necesitaba respuestas, estaba siendo bendecido, y a la vez mi mundo se había venido abajo. Era inmigrante, extranjero, huyendo de una guerra civil cruenta. Había visto cadáveres colgando de puentes, escapado de bombas, escapado de confrontaciones entre el ejército y la guerrilla, quería entender, comprendía que la vida es más que comida, ropa, techo, placeres y sepultura.

Mi esposa había sido divorciada, por lo que no pudimos casarnos por la iglesia católica. Nuestra boda había sido solo una boda civil. Cuando éramos novios contemplando casarnos, no quise hacerlo sin la aprobación de la iglesia católica. Al compartirle la situación a mi hermano mayor, éste me recomendó hablar con un Monseñor amigo de él.

Hice la cita. El alto prelado católico me recibió muy cordialmente, y me dijo: No es problema, cásate. Además, puedes posteriormente iniciar el proceso de anulación del matrimonio previo de tu novia, para así formalizar tu matrimonio por la iglesia católica. Me proporcionó el nombre del cura que trataba eso en el país, quien al consultarle me dijo que el proceso podía durar unos cinco años.

En la boda civil nos acompañó, dentro de los invitados, Hernando Abad, el sacerdote católico amigo de la familia, y a quien yo le tenía gran estima y admiración.

Recuerdo que después de la ceremonia civil, lo llamé aparte durante la recepción, le presenté los anillos y le pedí que los bendijera. Me dijo que no podía, lo cual me causó mucha tristeza.

No le estaba pidiendo que celebrara una boda católica, solo que pusiera su bendición sobre los anillos. Pienso que lo puse en una situación bastante incómoda, no fue mi intención. Hernando, era un amigo muy querido y respetado, y jamás abrigué sentimientos contra su persona por eso. Pero el evento me golpeó bastante.

Estando en Georgia, invité a mi casa al sacerdote de la iglesia católica de Athens, a la que asistimos algunas veces. Le mencioné mi deseo de tener la aprobación católica sobre nuestro matrimonio. Me sentía alienado al no poder tomar la comunión. El sacerdote me dio la documentación necesaria, y la forma que debía llenar para lograr la anulación del matrimonio previo de mi esposa. El costo del proceso era de $700.

Cuando estábamos llenando la documentación, perdí la paciencia, indignado por las preguntas que había que responder, y por el proceso en sí. Me parecía que Dios no estaba en eso. Molesto, indignado y desilusionado, rompí la documentación, decidiendo abandonar el esfuerzo.

Al poco tiempo me alejé de la iglesia. Sabía que Dios me había bendecido, me había provisto la visa de residente permanente en Estados Unidos, había escuchado mis oraciones y provisto trabajo en California, y luego en Georgia, y me estaba prosperando profesionalmente. Pero me sentía en el aire. Necesitaba dirección, luz confiable que me guiara, propósito que llenara mi vida.

Deseaba que Dios me respondiera. Como Job, buscaba respuestas de Dios, pero no sabía dónde o cómo. Y por supuesto, no me aventuraría fuera de la iglesia católica, pues eso era inconcebible para mí.

En enero de 1983 tuve que ser operado de una hernia. En ese tiempo la operación requería tres días en el hospital. Mi esposa buscó alguna persona que cuidara a mis dos hijos para poder ir a verme. Encontró apoyo de una iglesia cercana, la Primera Iglesia Bautista de Watkinsville. Ellos se encargaron de cuidar a mis hijos en nuestra casa, mientras Buffalo, un joven que estaba involucrado en la iglesia, llevó a mi esposa al hospital.

Buffalo era una persona decente y amable, quien también ofreció orar por mí. Cuando lo hizo me impactó su sencillez, y la realización que conocía y hablaba con Dios en forma tan real y palpable. Y no tenía ropa especial, no vestía atuendo de ninguna orden religiosa.

Cuando regresé del hospital, unas mujeres de la iglesia me llevaron comida calientita con mucho amor. Realmente podía ver en ellas sencillez, y amor genuino en su gesto. Y la comida era casera, muy rica, por cierto.

Me invitaron a su iglesia, Watkinsville First Baptist Church. Por no rechazarlos acepté. El templo era sencillo, la gente sencilla, amable. El pastor tenía un doctorado en teología de una de las más reconocidas instituciones cristianas de ese tiempo.

Era una congregación saludable, algunos miembros eran de medios económicos limitados, mientras que otros eran agricultores prósperos; unos eran profesionales, otros estudiantes, algunos de la Universidad de Georgia en Athens. Sus miembros incluían niños, adolescentes, jóvenes, adultos y personas mayores. El coro era muy profesional. Todo era conducido en orden y muy agradable. El pastor exponía las Escrituras con verdadero conocimiento, y dando la debida aplicación a la vida diaria, libre de opiniones políticas o personales. El ambiente era muy agradable y el espíritu fraternal.

Después de asistir unos tres domingos, se despertó en mí un deseo por obtener una Biblia en inglés. Como por tres días seguidos, me iba después del trabajo a una librería cristiana, The Carpenter's Shop, donde me ponía a revisar las distintas Biblias que tenía, las distintas traducciones, entre ellas la KJV, la NKJV y la NIV. Pasé varias horas leyendo la información de ellas, finalmente escogí una, la NIV.

Pronto se despertó en mí un deseo insaciable por leerla. En el trabajo, la leía a la hora del almuerzo. Al llegar a casa siempre tomaba una hora para leerla. La empecé a leer respetando su contenido, es decir aceptando lo que decía, sin sujetarla a interpretaciones o prejuicios religiosos. No pondría mi fe en hombres o instituciones religiosas falibles.

Las palabras que leía se clavaban en mi corazón. Entendía con claridad lo que leía. Sentía una libertad jamás antes experimentada al leerla y entenderla. Sus palabras me traían convicción y también esperanza.

Pronto entendí a través de su lectura, el camino de salvación por gracia, por medio de la fe. Recuerdo cómo con lágrimas entendía mi condición pecadora, y a la vez el verdadero significado del sacrificio de Jesús en la cruz, y la salvación que me estaba dando.

Las amistades que fuimos haciendo en la iglesia en Watkinsville, al empezar a congregarnos, eran personas de gran calibre, generosas, sanas, personas que practicaban verdaderamente la fe y el amor cristiano.

Recuerdo un miércoles en la noche, antes de que asistiera a la iglesia, nos visitaron Bill y Darlene Ropp, una pareja muy amable. En la conversación descubrí que Bill era el Gerente de Planta de una fábrica de accesorios plásticos, de PVC. También supe que su hijo Brent era piloto de aviación, misionero en el país de Lesoto, África. Brent volaba una avioneta en las montañas de África, transportando pacientes a clínicas de asistencia, ayudando a las tribus africanas, y asistiendo en la labor misionera. Su esposa, Linda, era enfermera. Al poco tiempo los conocí a ambos. Eran bellas personas también.

Cuando ese miércoles compartimos un pedazo de pastel con café, recuerdo que Bill ofreció bendecir el refrigerio. Lo hizo con sencillez y convicción. Podía ver que su fe era real, una fe para practicar en la vida diaria.

Cuando se despidieron esa noche, oraron una vez más. Recuerdo el impacto que dicha visita tuvo sobre mi persona. Me dije "¿Cómo es posible que este hombre tan importante, tan exitoso en su campo, esté dispuesto a perder su tarde, después del trabajo, para visitar a un perfecto extraño?"

Mi vida pronto se convirtió en una hermosa experiencia sobrenatural continua. Recuerdo que el pastor de la congregación, Charles Stewart, había compartido sobre la seguridad personal de salvación que podemos tener en Jesús. Yo le escuché, y estaba dispuesto a aceptar lo compartido siempre que pudiera respaldarlo con las Escrituras.

Unas noches después, estaba orando en la mesa de nuestro comedor. Era de noche. Mi matrimonio experimentaba serios problemas. Recuerdo decirle a Dios "Señor, toda esta angustia y sufrimiento lo acepto, con que pueda disfrutar la eternidad contigo en el cielo."

Esa noche no solo estaba expresando mi carga a Dios, sentía algo muy especial, que Dios me iba responder. Es algo difícil de explicar. En ese momento fui impulsado a abrir mi Biblia, sin tener en mente qué Escritura buscar. Mi Biblia era en inglés, la versión NIV.

Mi mano la abrió, y vi enfrente mía el Salmo 23, leí el versículo 6 *"Surely goodness and love Will follow me all the days of my life, and I will dwell in the house of the Lord forever"* (Psalm 23:6 NIV) "Ciertamente el bien y la misericordia (el amor) me seguirán todos los días de mi vida, y habitaré en la casa del Señor para siempre."

Estaba seguro que Dios me había hablado y respondido claramente. Mis ojos se llenaron de lágrimas de gozo y agradecimiento. En la mañana siguiente le compartía a mi esposa que Jesús me había hablado la noche anterior. Acababa de recoger el correo que había llegado a mi casa, una carta de Brent Ropp. Sus cartas siempre tenían un versículo bíblico en el encabezado.

Mientras compartía con mi esposa la experiencia anterior, abría la carta, solo para descubrir que el versículo que en esa ocasión había escrito Brent era nada menos que el Salmo 23:6.

Ese día, mientras escuchaba una estación de radio cristiana, el DJ citó también el Salmo 23:6. Yo estaba seguro que ésas ¡no eran coincidencias! Dios estaba hablándome, y dándome una promesa hermosa.

De niño añoraba haber visto los milagros que Jesús hizo, y los que sus discípulos realizaron. Sin embargo, mi corazón no había estado buscando milagros ahora de adulto, cuando estaba en Georgia. Estaba buscando respuestas, estaba buscando guía espiritual, estaba buscando propósito y sentido a la vida.

Cuando encontré a Jesús, encontré todo lo anterior, y además una vida sobrenatural abundante, llena de señales y milagros.

Cuando mi hijo tenía unos dos años de edad habíamos ido a Stone Mountain, un parque cerca de Atlanta. Recuerdo que, cargando a mi hijo en mis brazos, bajé una pendiente rocosa. Llevaba puestas mis sandalias, era una mala idea. Deslicé y caí de espaldas sin soltar a mi hijo. Me quedé sin aire y paralizado de dolor. Llamaron la ambulancia. No me permitían mover. En la clínica, el doctor que me vio mostró preocupación. Me tomaron rayos X. Mientras esperaba los resultados, le dije a Dios: "Señor, talvez quede paralítico el resto de mi vida. Y yo, sin haber vivido para ti." Dios estaba tratando conmigo. Ya estábamos yendo a la iglesia en Watkinsville.

Si bien no me quebré la espalda, pasaba con muchos dolores. En una ocasión, estando en mi oficina en Westinghouse, recuerdo levantarme de mi asiento con mucho dolor. Le expresé mi dolor al Señor, y sentí que en ese momento Él me dijo "Has vivido todo este tiempo con el dolor. Pero nunca me has pedido que te sane." En ese preciso momento fui sanado, El dolor no volvió.

Cuando mi varón nació, el doctor observó una anormalidad que había que corregir quirúrgicamente. Pudiera tal vez corregirse naturalmente con el tiempo, pero si a los dos años no había corrección natural había que hacer la operación.

Decidimos esperar. A los dos años, el pediatra, así como un segundo doctor que consultamos, indicaron que no se podía esperar más. Programamos la operación para un viernes 13, día considerado de mal agüero en EE. UU., el equivalente al martes 13 en países hispanos. La enfermera levantó las cejas, yo le expresé que confiábamos en el Señor no en agüeros.

Unos días antes de la operación me compartieron que, en la Biblia, en Santiago 5:13-16, el Señor habla de llevar al enfermo a los ancianos de la iglesia para ungirlo con aceite y orar por él con fe, y así restaurar su salud. Me dije a mí mismo: "Tengo paz en mi corazón. Aun si el Señor se lo quisiera llevar, tengo paz, pero si lo quiere sanar milagrosamente mejor. ¿Por qué no darle la oportunidad al Señor de que sane milagrosamente a mi hijo?"

Ese domingo lo llevamos a la iglesia. Le dije al pastor que quería que los ancianos ungieran a mi hijo. Al final del servicio entramos a la oficina del pastor, junto con los ancianos. Oraron por él.

Tres días después el pastor había sido invitado a cenar a mi casa. Cuando se iba, volteé a ver a mi hijo, y sentí una voz que me dijo "examínalo, está sanado". Entré al cuarto y le removí la ropa para examinarlo. Mi sorpresa fue que mi hijo estaba sanado.

Decidí a esas horas de la noche, lleno de emoción, llamar a algunos ancianos de la iglesia para compartir la noticia. Oí en mi mente una voz que me decía "No seas tonto, vas a hacer el ridículo. Tú no eres médico." Me arrodillé, ignoré la voz, decidí poner mi confianza en el Señor, y llamé a algunos ancianos.

La mañana siguiente, al llegar al trabajo entré a la oficina de Dick Buckley, y le dije: "Jesús visitó mi hogar anoche". Le compartí entonces la sanidad de mi hijo. Dick me preguntó: "¿Ya lo vio un doctor?"

Llamé al pediatra y le conté, por teléfono, lo sucedido. Se conmovió mucho, le dio gloria a Dios y me pidió que oráramos por él. Llamé al segundo doctor, al que iba realizar la cirugía. Al hablarle por teléfono me pidió que le llevara mi hijo para examinarlo personalmente.

Le llevé mi hijo. Lo examinó, y muy sorprendido dijo: "ya no necesita cirugía", luego añadió en forma humorista "probablemente mi mano mágica lo sanó". Le recordé la probabilidad que mi hijo se hubiera normalizado naturalmente, era 1 en 10,000. No había ocurrido en dos años, pero ocurrió cabal cuando oraron por él, ungiéndolo con aceite. No era la mano mágica del doctor, era ¡la mano sanadora de Dios!

En una ocasión, en que se iban a realizar bautizos en la iglesia, decidí bautizarme también, a pesar de que me consideraba ya bautizado.

Yo me consideraba bautizado porque mis padres me bautizaron a los pocos días de haber nacido. La verdad, todavía no había investigado bien el tema. No lo había considerado minuciosamente bajo la luz bíblica encontrada en las epístolas de Pablo y Pedro, así como en el evangelio según Mateo, y en el libro de Hechos de los Apóstoles entre otros lugares.

Posteriormente comprendí mejor las bases bíblicas, y el significado de tal mandato del Señor para sus seguidores. El bautismo es un acto de voluntad y decisión personal. Un acto de obediencia, un acto de fe personal, que debe estar caracterizado por arrepentimiento genuino por los pecados, y una decisión de identificarse con Cristo, con su muerte y su resurrección, para vivir una vida nueva, consagrada a Él por el poder del Espíritu Santo.

En todo caso, me había arrepentido y puesto mi fe en Jesús. Quería vivir una vida consagrada a Él. Y sentía el deseo de hacer una profesión pública de mi fe en Jesús por medio del bautismo.

El evento fue muy especial. Recuerdo la presencia de Kay Shepard en la primera banca, presenciando el evento. Kay era una bella hermana en Cristo que había sido clave en mi vida espiritual por medio del afecto y apoyo que le brindó a mi familia.

Kay tenía los ojos llenos de lágrimas por la emoción, al verme bajar a las aguas del bautismo. Sentí una presencia fuerte del Espíritu Santo en mi vida a partir de ese momento.

La palabra de Dios se volvió mi pasión. Poco a poco Dios fue despojándome de creencias y tradiciones inconsistentes con su palabra. Fui dando pasos de fe paulatinamente, a medida que recibía mayor entendimiento y la libertad encontrados en Cristo y las Escrituras.

Mi corazón ansiaba compartir con otros a Jesús, y el evangelio de salvación.

El vacío que había en mi corazón lo llenaba ahora Jesús y su palabra. Y tenía un nuevo propósito, vivir para Cristo. Dios puso mucho amor en mi corazón por los de la familia de la fe, y una preocupación genuina por los que no conocían el evangelio de gracia.

Recuerdo la ocasión en que el pastor Charles Stewart me pidió que diera un testimonio de unos tres minutos al frente de la congregación. Sentí tan grande privilegio y gozo glorificar a Jesús, y alabarle públicamente por lo que había hecho y estaba haciendo en mi vida.

Por ese tiempo supe de una comunidad en Comer, a unas 20 millas de Athens, Georgia. Don y Caroline Mosley dirigían Jubilee Partners, un ministerio de compasión y ayuda cristiana a los que huían de los conflictos armados de El Salvador y Guatemala. Les ayudaban a emigrar a Canadá.

Les visité algunas veces. El lugar era un campo muy amplio, donde los refugiados recibían amor, alimentación y ayuda. Mi corazón pronto se enterneció hacia ellos, a la vez que nació en mí un deseo por compartirles la palabra de Dios. Sin embargo, guardé el deseo en mi corazón, no lo compartí con nadie.

Un día recibí una llamada telefónica de Caroline. Me dijo que había estado orando, y que los refugiados necesitaban la palabra de Dios. Me pidió que considerara hacerlo, y que orara al respecto. Mi respuesta fue inmediata: "Caroline, ¡hacerlo es el deseo de mi corazón!"

Era nuevo en la fe, no un gran maestro de las Escrituras. Pero estaba lleno de pasión por Dios y su palabra. La unción del Espíritu Santo era obvia. Empezamos las reuniones los jueves después del trabajo. Los refugiados asistían, y escuchaban con mucha atención y fervor, y recibían a Jesús.

No eran grandes exposiciones teológicas, eran enseñanzas sencillas pero con el Espíritu Santo obrando fuertemente.

Una refugiada guatemalteca me comentó cierto jueves que, no iba poder asistir la siguiente semana a la reunión, pues le iban hacer una operación de corazón abierto. Me pidió que orara por ella. Oramos con fe sencilla. Mi sorpresa fue verla el jueves siguiente, rebalsando de alegría ¡Dios la había sanado!

Conversando con Phil, un amigo y diácono de Watkinsville First Baptist, nació la idea de hacer una noche especial con cada grupo de refugiados que llegaba a Jubilee Partners. Nació, así, el ministerio a los refugiados de Jubilee Partners.

Atendíamos grupos de unas 30 personas. Les servíamos una deliciosa comida en las instalaciones de la iglesia, seguida de un lindo tiempo de alabanzas y predicación. El misionero Moisés Valdés era invitado para compartir la palabra con el grupo.

Sentí pronto en mi corazón que, mi llamado a proclamar la palabra de Dios era más fuerte que mi profesión de ingeniero químico, a pesar de que amaba dicha profesión. Me preguntaba ¿Por qué Señor me guiaste a ser un ingeniero químico, si mi mayor pasión es la Palabra de Dios? ¿será en vano lo que aprendí y los siete años que dediqué a estudiar dicha carrera?

Había escuchado a algunos en la iglesia decir que la hipótesis de evolución era falsa. Durante mis días de universidad había leído algunos artículos sobre la evolución cósmica. En el colegio católico al que asistí, habíamos estudiado sobre los supuestos homínidos, eslabones entre el simio y el ser humano.

Ray y Debbie Billings tenían 4 hijos, eran una linda familia, amigos muy queridos de Watkinsville. Tenían un gran testimonio cristiano. En una ocasión, entre tantas que disfrutaba una conversación amena con Ray en su casa, hubo un momento peculiar. En dicha conversación, por algún motivo, hice referencia a la supuesta evolución del hombre como un hecho. Ray no entró en discusión, solamente dijo en forma humilde y amable, pero con convicción y certeza: "Un día entenderás". Seguimos conversando sobre otras cosas, pero aquellas palabras hicieron huella en mi corazón, dado el respeto que le guardaba a Ray.

A los días fui invitado a un debate entre Duane Gish, Ph. D. y un ateo en el gimnasio de la Universidad de Georgia, en Athens. El Dr. Gish era un bioquímico graduado de Berkley, un fuerte y famoso expositor del Creacionismo. Había unas 8,000 personas presentes en el evento. Si bien el Dr. Gish era brillante, por algún motivo el debate no me ayudó a apreciar las fallas del Darwinismo, y las evidencias que respaldan el Creacionismo. Por cierto, hallé difícil procesar los argumentos y contra argumentos presentados en el contexto de un debate.

Poco después viajaba de Hartsfield International Airport de Atlanta, Georgia a Morristown, Pensilvania por motivo de mi trabajo de investigación en Westinghouse. Esa mañana, mientras esperaba la salida de mi avión en la sala de espera, oraba en silencio, meditando con mi Biblia abierta.

Sorpresivamente sentí que Dios me habló, no audiblemente, pero su voz era real. Me dijo: "Jaime, pregúntame lo que quieras." Al instante el Señor me trajo a la mente la interacción entre el joven rico y Jesús. En dicha interacción comprendí que Jesús estaba revelando su deidad, entre otras cosas.

Luego, cuando acababa de abordar el avión, sentí en mi mente que Dios me preguntó: "¿Crees que es posible que el hombre, complemento perfecto de la mujer en su sistema reproductivo, sea resultado de procesos accidentales? ¿Crees posible que dos seres perfectamente complementarios el uno al otro, se hayan formado y existan en el mismo lugar y tiempo de la historia cósmica, para propagar al ser humano, todo por accidente?" Me quedé asombrado, y respondí: "¡Imposible!"

Empecé a leer varios libros sobre el tema, tratándolo solo desde el aspecto científico. Leí varios autores de excelente preparación académica. Mi preparación académica en el campo de las ciencias me permitía evaluar varios argumentos con autoridad.

Después de un par de años mi indignación contra evolución estalló. Entendí que era una hipótesis no solo sin comprobación, mas una hipótesis que iba en contra de las leyes de la química, física y termodinámica.

Evolución es una filosofía prejuiciada, no un modelo científico respetable. Es un atentado contra la evidencia natural propiamente interpretada, y un arma para expulsar a Dios y atacar los fundamentos de la fe cristiana. Muchos lamentablemente se aferran ciegamente a ella, poniendo su fe en hombres engañadores, o engañados.

Dios posteriormente usaría mi preparación académica para presentar las evidencias de la creación y compartir el evangelio en muchos lugares, incluso en comunidades que habían sido adoctrinadas en el evolucionismo ateo.

Ahora las piezas del rompecabezas se iban acoplando. Mi carrera en Ingeniería Química, junto con mi éxito y logros profesionales, junto con mi fe y conocimiento de la Palabra de Dios, era una herramienta que Dios iba usar para su gloria.

El Señor, a la fecha, me ha usado en múltiples ocasiones como instrumento suyo dando conferencias en universidades, ante grupos de catedráticos, y estudiantes, para presentar defensa de la fe, así como el evangelio de salvación.

DIOS CAMBIA CORAZONES

En uno de mis viajes para compartir la palabra en el campamento de refugiados de Comer, Georgia, vi a una persona a la orilla de la carretera, un joven alto. Llegando a Jubilee Partners lo volví a ver a lo lejos, estaba en el área verde.

Cuando regresaba, volví a ver a alguien a la orilla de la carretera pidiendo un aventón. En Cuba se dice "pedir botella", en El Salvador se dice "pedir jalón".

Yo conducía a buena velocidad, y no iba parar, sobre todo que no era seguro subir a un extraño. Sin embargo, sentí fuertemente que el Espíritu Santo me decía que debía parar y ofrecerle transporte al individuo. Avancé todavía unos cuantos metros más en el carro, hasta que el sentir era demasiado fuerte.

Detuve el carro, di la vuelta y lo recogí. Resultó ser la misma persona que había visto de lejos en la carretera cuando iba, y en Jubilee Partners.

En la conversación me percaté que no era una persona ordinaria. Me dijo que había viajado toda la noche de la misma manera, pidiendo jalón, pero él manejando. Me sorprendió que alguien lo haya subido al carro, y luego le haya confiado el timón, mientras se echaba a dormir.

Pero este joven se veía honesto y muy sano, de un semblante que transmitía confianza, de hecho, había algo especial en su presencia, difícil de explicar.

Le pregunté a dónde iba, y él me preguntó hacia dónde me dirigía yo. Le respondí que hacia Watkinsville. Le pregunté si quería que lo dejara en el camino en Athens. Me respondió que en la ciudad no, porque hay mucha maldad en la ciudad. Me hizo recordar los ángeles que fueron a destruir Sodoma y Gomorra, cómo encontraron mucha maldad en la ciudad.

En la conversación me llamó la atención que mencionara el poema de las huellas. Un poema donde una persona va caminando, en el camino Jesús le acompaña. Se ve un par de huellas en el camino, pero en los momentos más difíciles de la vida solo se ve un par. La persona le pregunta a Jesús por qué en los momentos más difíciles de la vida solo hay un par de huellas, pensando que en esos momentos Jesús lo había dejado solo. Pero, Jesús le respondió que en esos momentos las huellas eran las de Jesús no más, porque Jesús iba cargando a la persona en sus brazos.

Interesante que haya mencionado ese poema, pues lo acababa de leer la noche anterior. Toda la conversación fue realmente espiritual. En un momento exclamé: "Ah, que Dios cambie mi corazón." Recuerdo sus palabras claramente: "Dios va cambiar tu corazón."

Cuando íbamos llegando cerca de Watkinsville, pasamos por una gasolinera. Le pregunté si deseaba que le comprara pollo frito, el cual vendían en el lugar. Me respondió afirmativamente. Paré y compré un poco de pollo y se lo di. Me dijo que avanzara un poco en la carretera y lo dejara ahí a la orilla, lo cual hice después de alejarme unos 50 metros de la gasolinera. Cuando di la vuelta, ya no lo vi. De alguna manera tenía un fuerte sentir que ese encuentro no había sido nada común.

Interesante que mi presión arterial en esos días, previos a ese encuentro, andaba un poco al borde de lo recomendable, ahí por 130/80. Después de ese evento, se estabilizó en 115/70. Hubo definitivamente un cambio físico, presagio del cambio espiritual que Dios habría de efectuar en mi persona. Últimamente mi presión arterial es excelente, y anda por 100/60.

CORTANDO MONTE

La casita en que vivíamos en Watkinsville tenía un terreno engramado amplio. Realmente era más monte que grama, y había que cortarla frecuentemente, o se volvía una selva.

Recuerdo que mis vecinos tenían cortadoras con motor de gasolina, pero a mí me parecían muy ruidosas. Así que compré una cortadora de grama manual. Era buen ejercicio, pero no mi favorito.

Cada vez que cortaba la grama me recordaba de Lorenzo García, el jardinero de mi casa cuando crecía en San Salvador. Cariñosamente le llamábamos "Lencho". Mi papá lo contrató cuando yo estaba por nacer.

Lencho era muy buena persona, pero tenía serios problemas con el alcohol. Recuerdo cómo muchas veces llegaba totalmente alcoholizado. Le daban café en mi casa para tratar de reanimarlo. Aun así, mi mamá nunca lo despidió. Era muy querido.

Cuando en Watkinsvile cortaba la grama, sudando, me recordaba de Lencho y agradecía a Dios por el servicio que había provisto a mi casa como jardinero cuando yo era un niño. Oraba a Dios y con lágrimas le pedía que sanara a Lencho del alcoholismo.

En 1986 cuando visité El Salvador por primera vez después de haber dejado el país, tuve la linda sorpresa de que Lencho se había convertido a la fe cristiana, y había sido liberado del alcohol. ¡Ahora éramos hermanos en la fe!

El gozo de la vida cristiana es imposible de explicar, ¡hay que experimentarlo personalmente!

Hablando de cortar el monte en mi casa en Watkinsville, recuerdo una ocasión en que había dejado que se creciera demasiado. Cortarlo iba ser un gran reto, pero dejarlo para otro día sería peor. Así que decidí cortarlo ese día.

La amenaza de lluvia era segura. Estaba por llover, hasta se podía respirar el agua en el aire, pero tenía que cortar la grama. La única solución era pedir a Dios que detuviera la lluvia por un momento.

Empecé a cortar el monte contra el tiempo. Cada minuto que pasaba sin llover era sorprendente para mí. Como a los 50 minutos, le dije al Señor "Esto es asombroso, todavía no llueve. Definitivamente tú estás deteniendo la lluvia Señor." Luego añadí, "Señor, si esto es así, que empiece a llover cuando termine de cortar la grama."

Pues bien, terminando de cortar, cuando iba entrando a la puerta de la casa, en ese momento empezó a llover. ¿Cómo respondí? Simplemente salí al patio de la casa, y bajo la lluvia, me arrodillé elevando mis brazos al cielo para alabar a Dios.

¡ HOLA CAROLINA DEL SUR!

El evangelio de gracia, la revelación de la Palabra de Dios, mi comunión con el Señor, su Presencia y poder eran tan palpables que, mi deseo era compartir con otros el mensaje y la esperanza encontrada en Jesús y su Palabra.

Sentí un fuerte llamado a advertir a las personas contra la religión y tradiciones muertas, invitándolas a experimentar a un Jesús vivo recibiendo su salvación.

Pensé dejar mi carrera y posición en Westinghouse. Lo consideré seriamente por varios meses, buscando la guía del Señor. No quería dar un paso equivocado. Estaba sacrificando una profesión y trabajo bueno, lo que haría con mucho gusto siempre que Jesús fuera quien me guiara a hacerlo.

Finalmente decidí dar el paso de fe, y partir a Columbia, Carolina del Sur para incorporarme al programa de postrado en estudios bíblicos del Columbia Bible College and Seminary, ahora conocido como Columbia International University.

Dick Buckley me escribió una linda carta, ofreciéndome las puertas abiertas para regresar cuando quisiera. Westinghouse me hizo una linda despedida con obsequios de parte de la compañía.

Renté una casa cerca del Colegio Bíblico. El instituto y sus profesores eran excelentes, así mismo muchos de mis compañeros, algunos, al igual que yo, habían dejado posiciones y profesiones buenas para prepararse e ir al campo misionero.

El estudio era fuerte y demandante. Recuerdo al poco tiempo de llegar, una noche me despertó un ruido en la pared, era algún tipo de roedor masticando dentro de la pared del cuarto. Lo mismo ocurrió la segunda noche. La tercera noche, cuando me despertó el ruido exclamé: "¡Oh, no, otra vez! ¡Señor, por favor calla esa criatura!" No pasaron ni dos segundos cuando se calló, para nunca más volver a molestar.

La realidad sobrenatural de Dios en mi vida se había vuelto una experiencia normal. Sabía que Dios me oía, y su presencia era lo más importante en mi vida. Quería servirle siempre.

Me contactaron de la Convención Bautista del Sur para compartir la palabra, como pastor interino, en una congregación hispana en la ciudad de Martinez, Georgia. Todos los domingos manejamos una hora en carro hacia Martinez, Georgia para predicar.

También me invitaban a predicar en una congregación hispana local en Columbia. Y cuando Billy Graham realizó una cruzada en la ciudad serví de traductor al español.

Servir al Señor a tiempo completo era el deseo de mi corazón. El dejar Westinghouse para ir al instituto bíblico fue un paso de fe, y un desprendimiento de la seguridad económica que ofrecía mi trabajo y profesión. Durante mi estadía en Columbia Bible College and Seminary usé los ahorros personales para nuestro mantenimiento.

En Columbia, Carolina del Sur conocí a Ben y Gerlinda Skaggs, quienes fueron buenos amigos. Tenían dos hijos, Joshua y Heike. Ben es un ingeniero agrónomo, que conoció a Gerlinde en Africa, en un campamento de leprosos. Gerlinde, de origen alemán, era enfermera sirviendo en la obra misionera.

Después del programa bíblico en Columbia, Carolina del Sur, Dios los llevó a Etiopía, a trabajar con la tribu Me´en. Era un lugar inaccesible por tierra. Tuvieron que llevarlos por helicóptero. Ben tiene un don excepcional de lenguas. Las aprende en un abrir y cerrar de ojos. Usó su don para traducir y proveer, en forma escrita, la Biblia en la lengua de los Me´en.

La historia de la obra que Dios hizo a través de Ben y Gerlinde es maravillosa. Más de 10,000 me´en se convirtieron al Señor, y más de cien evangelistas salieron a predicar el evangelio a tribus vecinas. Varios milagros ocurrieron en el proceso.

A pesar de mi llamado, deseo y compromiso a servir al Señor a tiempo completo, tuve que dejar el instituto bíblico después de un año. Mi esposa no se lograba adaptar. Después de orar y buscar consejo de James "Buck" Hatch, un profesor y consejero muy bendecido, respetado y querido de Columbia Bible Collge and Seminary, decidí que lo mejor era regresar a Centro América.

El Salvador estaba en medio de la violenta guerra civil, así que fuimos a Guatemala. No tenía trabajo en Guatemala, y necesitaba la guía del Señor para mi siguiente paso. Confiando en el Señor clamaba y buscaba su voluntad de todo corazón.

Recién llegados visitamos una pequeña iglesia, cercana al lugar donde habíamos rentado un apartamento. Era pequeña, y en ese servicio de media semana la asistencia fue de unas 20 personas. El pastor, Francisco Gali, era de origen suizo, un hombre sencillo y muy ungido por el Espíritu Santo.

Al final de la predicación pastor Gali invitó a que pasaran al frente los que querían oración. Pasé al frente para que orara por mí. Él no me conocía, ni sabía nada de mi persona. Sin embargo, cuando oró, profetizó que Dios me había escogido desde el vientre de mi madre para llevar el evangelio a muchas naciones.

Su oración me trajo mucha esperanza, a manera de confirmación de que Dios tenía un llamado para mi vida, y que lo llevaría a cabo.

En otra ocasión visitamos una iglesia muy grande y conocida en Guatemala. De nuevo, cuando invitaron a las personas a pasar para que oraran por ellas, pasé al frente. La persona que oró, sin saber nada de mi persona, profetizó que Dios me había llamado para ser su siervo y predicar el evangelio. Sabía que estas experiencias no eran resultado de la casualidad.

En todo caso, tenía que proveer para mi familia. Así que busqué trabajo en algunas empresas. Las entrevistas fueron desalentadoras. Me decían que estaba sobrecalificado y que no me podían dar una plaza.

En una ocasión contacté una compañía a la que consideré apoyarles en un proyecto. Hice la cita. La noche anterior, sin embargo, ocurrió algo muy inquietante. A horas de la madrugada desperté escuchando rugido de leones. La noche era silenciosa, el rugido penetrante, de hecho, me causó terror. El Señor trajo a mi mente la primera carta de Pedro, donde cita las siguientes palabras: *"vuestro adversario, el diablo, anda al acecho como león rugiente, buscando a quien devorar."* I Pedro 5:8

Unos días después, realicé que el zoológico de la ciudad de Guatemala estaba cerca. Pero definitivamente la experiencia de esa madrugada era una experiencia espiritual, donde el Espíritu Santo me estaba alertando.

Me levanté a orar, sintiendo que efectivamente las fuerzas de las tinieblas andaban sobre la ciudad como león rugiente, buscando hacer daño.

En la mañana partí en mi carro hacia la cita. Había enviado mi camioneta Toyota a Guatemala por barco. La había recibido en Puerto Barrios, pagando los aranceles requeridos, obteniendo todos los permisos legales para circular en Guatemala.

Cuando iba hacia mi cita observé una patrulla de policías deteniendo los carros que venían. Al regreso de mi cita, la patrulla seguía en el mismo lugar. Esta vez me hicieron parada, y salí de mi auto. Paraban otros carros, y los dejaban ir. Sin embargo, me seguían deteniendo a mí. Yo no había violado ninguna regla de tránsito, por lo que la espera empezó a inquietarme.

Finalmente, el que estaba a cargo, sin dirigirme palabra alguna, dijo a uno de los policías "llevátelo", el cual me pidió las llaves del carro. El policía se montó en el asiento del conductor, ordenándome que me montara en el asiento del pasajero.

Le pregunté adónde nos dirigíamos. Me respondió que íbamos al cuartel de la policía, me iban a decomisar mi carro por llevar placas norteamericanas. Le dije que tenía todos los permisos para circular en el país, a lo que me contestó: "Son órdenes del Director General de la Policía. Ayer emitió la orden de que decomisáramos todo carro circulando con placas de Estados Unidos." Indignado ante la situación y la inseguridad personal, le expresé: "Por esos nuestros países están tan mal, por la corrupción y la injusticia", a lo que me respondió "Yo solo sigo órdenes".

Llegando al lugar me decomisaron el carro. Pregunté qué debía hacer para recuperarlo. Me dijeron que la única manera era hablando con el Director General de la Policía, cuya oficina estaba en el Palacio Nacional de la Ciudad de Guatemala.

Llamé por teléfono a un primo que vive en Guatemala, le pedí que me recogiera y llevara al Palacio Nacional. Cuando le conté el incidente, me dijo: "No primo, eso se resuelve de otra manera", yo le respondí: "no va ser necesario, Dios me va devolver mi carro, ya verás".

Al llegar al Palacio Nacional me dirigí a la oficina del Director Nacional de la Policía. La secretaria, que tenía su escritorio a la par de su oficina, me preguntó si tenía cita previa. Obviamente que no. Pero para Dios nada es imposible.

En ese momento salió el Director para recibir a un periodista que estaba esperando audiencia con él. El director, sin embargo, dirigió su mirada a mi persona preguntándome: "¿En qué puedo servirle?" Le respondí: "Señor director, me acaban de decomisar mi carro sin razón justificable, solo porque llevo placas norteamericanas. Yo he pagado los aranceles y debidos permisos."

El director entonces, viendo que el periodista estaba presenciando la interacción exclamó: "¡Esta gente!, pase por favor" Me invitó a pasar a su oficina, a la vez que pasó al periodista también. Pero me pidió sentarme en cierto lugar, mientras él conversaba con el periodista, para luego tratar mi situación.

Cuando se fue el periodista, se dirigió a mi persona. Me dijo: "Es que no puede ser que anden libremente los carros con placas norteamericanas." Le expresé que había seguido los reglamentos establecidos y necesitaba mi carro. Me vio con consideración, me preguntó los detalles de mi carro, e hizo una llamada por teléfono para que me regresaran el carro.

Le agradecí el gesto, pero le dije que no me serviría de mucho, pues me volverían a parar y a decomisar mi vehículo. Así que, hizo otra llamada telefónica y dictó una carta en la que indicaba que respetaran mi carro, la cual el firmó con su propia mano. Le agradecí.

En menos de tres horas había recuperado mi carro por la mano del Señor. ¡Dios es maravilloso!

Entrando un domingo a la iglesia que pastoreaba el pastor Gali, un varón me dijo con gran autoridad y seriedad: "Dios dice que dejes (entregues) tu carro acá." No me pude concentrar mucho durante el servicio. Estaba dispuesto a donar mi carro si era la voluntad de Dios, pero no si solo era producto de la imaginación de alguien.

Esa mañana antes del servicio, en mi tiempo personal con el Señor, había estado leyendo la palabra de Dios en el Antiguo Testamento, precisamente donde se queja de los que hablaban en nombre del Señor sin haber sido enviados por Él.

Cuando terminó el servicio, la persona me repitió "el Señor dice que dejes tu carro acá". Lo miré fijamente a los ojos, y con toda la seriedad del caso, y voz molesta le dije "¿Estás seguro que el Señor lo dice?, a Dios no le agradan para nada los que hablan en su nombre sin haberlos enviado." Le cité entonces la Escritura que había leído esa mañana. Él me miró respondiendo: "Dios te va usar grandemente en Guatemala." Nunca más me volvió a mencionar mi carro. Qué triste que algunos hablen en nombre de Dios, dando órdenes a otros, sin que Dios los haya enviado.

Después de cuatro meses en Guatemala, sabiendo que Dios me había traído a Guatemala, le rogaba al Señor por dirección, agonizando en oración, considerando que tal vez debía regresar a Estados Unidos.

Finalmente tomé la decisión de regresar a Atlanta. Si bien Dick Buckley me había escrito ofreciéndome mi posición en Westinghouse, en Athens, entendía por el Espíritu que Dios nos quería en otro lugar.

Me preocupaba viajar por tierra por México, llevando placas de EE. UU. y con la parrilla del carro llena de valijas. El domingo antes de partir, pastor Gali, a quien no le había comentado mi preocupación, solo mi plan de regresar por carro a EE. UU., decidió orar por mí.

Recuerdo vívidamente como al orar, expresó: "No tengas preocupación, Dios se ha encargado y velará tu entrada y salida. Nadie te tocará ni hará ningún daño."

Salimos, pues, para Atlanta, Georgia en un viaje de tres días. Viajábamos con mi esposa y dos hijos de día, pasando la noche en algún hotel en el camino.

En la frontera de Guatemala a México ni nos revisaron las maletas. Y en México me paró la policía solo en una ocasión. Íbamos en el camino, cuando después de una intersección vi que un policía me hizo parada. Seguí como que si no lo había visto, sin embargo, pensé que no era lo más sabio hacer. Regresé y le pregunté qué quería. El me preguntó hacía adonde me dirigía. Le respondí que hacia la frontera de Estados Unidos. Me explicó entonces que me había equivocado de ruta, tenía que tomar el otro camino de la intersección. ¡Dios es bueno!

Llegamos a la frontera de Estados Unidos sin ningún percance, un viaje placentero que disfrutamos todos. En la frontera no nos revisaron las valijas y nos dieron entrada inmediata. Las palabras proféticas de Pastor Gali se habían hecho realidad, ¡Dios con nosotros!

SEÑOR ¡¿ADÓNDE ME QUIERES?!

Westinghouse me había ofrecido trabajo de nuevo, y la Convención Bautista del Sur en Estados Unidos me había expresado interés, así como la Iglesia Presbiteriana. Sentía, sin embargo, que debía reintegrarme a mi profesión. Dios iba ir revelando mi camino, paso a paso, por fe. Pero ¿adónde?

Le pedí al Señor que me ofrecieran trabajo adonde Él me quería, según su voluntad y propósitos perfectos. Envié mi currículo a varias compañías por todo el país. Me dediqué a tiempo completo a buscar trabajo desde Atlanta. Fue una espera muy difícil, de varios meses, donde le clamaba día a día al Señor. Los recursos se estaban agotando y necesitaba trabajo.

Baxter-Edwards, una división de Baxter Healthcare me otorgó una entrevista en Irvine, California. Baxter-Edwards era la división de catéteres cardiovasculares de la corporación. Me entrevistó Ed Elson, director del Departamento de Investigación y Desarrollo, así como varios gerentes de la compañía. Finalmente me extendieron una oferta de trabajo.

Si bien California había sido un lugar del cual habíamos salido en 1981, cuando tuve mi primer empleo en Estados Unidos, en esta ocasión entendía que era el Señor quien me estaba llevando de regreso a California. Esta vez, a una ciudad del condado de Orange, al Sur de Los Ángeles.

72

Hay muchos hispanos en la zona, así que me parecía que Dios estaba en esto, pues sería un campo perfecto para ministrar a la comunidad hispana.

Mi corazón estaba guiado hacia el pueblo hispano. De hecho, si bien leía la Biblia en inglés, cuando compartía con hispanos, automáticamente podía traducir al español, sin esfuerzo alguno, los versículos memorizados.

Llegando a California renté un apartamento en la ciudad de Irvine. La ciudad es muy limpia y bonita, cerca del mar, y el trabajo me quedaba a 10 minutos por carro.

El primer domingo viajamos a Fullerton, para asistir al servicio dominical de la iglesia EvFree Church de Fullerton, pastoreada por el reconocido pastor Charles Swindoll.

Había dos servicios en la mañana, el templo lleno, con capacidad de unas 2,000 personas. Al salir del servicio, tuve una interacción bastante inusual con uno de sus miembros.

Una miembro de la iglesia, después de saludarme, me preguntó de dónde veníamos. Le respondí que de Irvine. Fullerton queda a unos 30 km de Irvine. Ella me respondió: "¿Por qué vienen desde tan lejos? Hay una muy buena iglesia cerca de donde ustedes viven. "

Su respuesta me sorprendió, manejar 30 km para asistir a una buena iglesia no debe ser ningún obstáculo, sobre todo en California donde la gente está acostumbrada a manejar grandes distancias.

El que una miembro de EvFree me dijera eso al visitar su iglesia, me causó sorpresa. Pero más me sorprendió su respuesta cuando le pregunté "¿Cómo se llama la iglesia que me recomienda?" Ella respondió "¡No me recuerdo!"

El tercer domingo que asistíamos a EvFree, recuerdo sentir que, a pesar de que era una muy buena iglesia, y Chuck Swindoll un gran pastor, Dios nos quería llevar a otro lugar. ¿A dónde Señor?

Ese domingo, durante la predicación, empecé a orar en silencio, rogándole al Señor que me revelara y guiara adonde quería tenernos. Le decía con los ojos húmedos en la intensidad de mi ruego: "Señor, parecemos gitanos de un lado al otro, dime adónde quieres que me congregue." En ese preciso momento una persona sentada en la banca de atrás tocó mi hombro. Al voltearme, me entregó un papelito con solo cuatro palabras: Calvary Chapel Costa Mesa.

Me quedé atónito, pensando: "esto no es natural, esto tiene que ser de Dios." Resulta que la señora con quien tuve la interacción el primer domingo, estaba sentada un par de bancas atrás, y al verme se acordó de nuestra conversación, y aprovechó a enviarme el nombre de la iglesia que recomendaba.

Al salir del servicio llamé por teléfono para indagar sobre los días y horas de servicio. Tenían servicio el domingo en la tarde. Emocionado fuimos esa misma tarde. Llegamos bien temprano, antes que abrieran las puertas del templo. El lugar era amplio, el edificio sencillo, los jardines muy bien cuidados. Sentía el Espíritu llenándome de paz y gozo al caminar por las instalaciones abiertas del lugar.

Decidimos, mientras se llegaba la hora, ir a comer a Bill's Burger, un pequeño restaurante en la esquina, frente a la iglesia. Se llegó la hora, y lo que mis ojos veían me asombraba. Personas de distintas edades acudían como quien acude a una fiesta, unos de saco, otros en shorts, había un ambiente festivo. La gente se saludaba de abrazo, el amor se respiraba en el ambiente.

De repente empezó la alabanza. dirigida por una pareja, John Wickham a la guitarra, y su esposa Lisa cantando. Los cantos eran breves, hermosos, modernos, sencillos, poderosos. Todos cantaban de memoria las alabanzas. La presencia del Espíritu Santo era tal que, si bien todos estábamos cantando de pie, empecé a llorar y me tuve que sentar. Dios había escuchado mi oración. El Espíritu Santo me había llevado ahí.

Pude darme cuenta que las alabanzas del grupo Maranatha habían salido de esa iglesia. Las alabanzas de Maranatha me gustaban mucho. El primer casete de música cristiana que alguien me regaló en Georgia, y que cantaba en Georgia cuando recibí a Jesús, era de Maranatha.

Empezamos a asistir a Calvary Chapel Costa Mesa en 1988, el año que nos movimos a California. A los pocos meses renté un apartamento, en la comunidad de apartamentos que estaba enfrente, atravesando la calle. La comunidad de apartamentos tenía por apodo "The Gospel Gulch".

Muchos que asistían a Calvary se habían movido al Gospel Goulch para poder asistir frecuentemente a los servicios semanales. Había servicio los lunes, jueves, y domingo. La escuela dominical era maravillosa, sus maestros ungidos y llenos del Espíritu. Pastor Chuck Smith exponía la palabra, en forma sencilla y clara, versículo por versículo, capítulo por capítulo, libro por libro, desde Génesis hasta Apocalipsis.

Los domingos en la tarde muchos jóvenes se sentaban en el suelo, enfrente del pódium, para escuchar a Pastor Chuck. El ambiente era increíble. Todo se llevaba a cabo en orden, pero en espíritu de libertad. Después del servicio se reunía un grupo en un salón con chimenea, donde alguien guiaba alabanzas con su guitarra. Los dones del Espíritu se manifestaban en esas reuniones.

Asistimos a los bautizos que realizaba la iglesia en el mar. Los llevaban a cabo un día sábado por la mañana, en Corona del Mar, en un lugarcito rodeado de rocas conocido como "Pirates Cove" (La Cueva del Pirata).

Desde lo alto de las rocas se sentaban muchas personas para presenciar el evento. Era un anfiteatro natural.

Abajo, en la arena, estaba Pastor Chuck y varios pastores asistentes. Pastor Chuck daba una breve predicación. Alguien dirigía alabanzas tocando su guitarra, y cientos de personas paradas rodeaban el evento alabando al Señor, algunos con sus brazos levantados hacia el cielo. Toda una fiesta espiritual donde muchas personas se bautizaban.

Finalmente me sentía en casa, habíamos llegado a un lugar excepcional. Mi corazón ¡rebosaba de gozo y paz!

Al poco tiempo de incorporarnos a Calvary Chapel Costa Mesa, considerando que mi llamado es con el mundo hispano, visité el ministerio en español que tenía la iglesia. Después de asistir un par de veces entendí que Dios no me estaba llamando a incorporarme a ellos en ese momento. Así que asistimos a los servicios en inglés bajo las enseñanzas de Pastor Chuck Smith.

Apoyé como maestro la escuela dominical de niños, y me uní al ministerio de oración conocido como "Prayer Watch" (Vigilia de Oración), dirigido por Joe Dyer. Atendíamos los teléfonos y orábamos por los que llamaban por la noche solicitando oración. Había tres turnos: de 10:00 pm a 1:00 am, de 1:00 am a 4:00 am, y de 4:00 am a 7:00 am. mi turno era los viernes de 10:00 pm a 1:00 am.

Me tocó ministrar a distintas personas y situaciones. Algunas eran personas que estaban al borde del suicidio. En una ocasión, la persona que llamó, después que oré por él, me pidió permiso para orar por mí. Al hacerlo me sorprendió, pues dijo en oración que Dios me había llamado para ser su instrumento en varias naciones. Cosa que guardé en mi corazón.

Hice buenos amigos en la iglesia. Pero mi deseo de compartir la palabra con el mundo hispano me llevó a recorrer los vecindarios de la ciudad de Santa Ana, California, habitados por personas de origen hispano.

Compartía el evangelio en estacionamientos de supermercados y de casa en casa.

Calvary Costa Mesa era una hermosa congregación bajo el Pastor Chuck Smith. Un día le preguntaba al Señor la razón principal por la que me había llevado, y entendí que entre las muy buenas cosas que caracterizaban la iglesia y al pastor, la enseñanza expositiva de todo el consejo de Dios, desde Génesis hasta Apocalipsis, era una característica muy importante. Dios iba usar eso en mi ministerio futuro.

Si bien la enseñanza expositiva era muy importante, y dada regularmente, había lugar para la enseñanza de ciertos tópicos. Pastor Chuck traía con frecuencia invitados excelentes, uno de ellos fue Gayle Erwin, un pastor y misionero, fundador del ministerio "Servant Quarters". Su libro "The Jesus Style" (Al Estilo de Jesús) ha recorrido el mundo, vendiéndose más de un millón de ejemplares.

Pastor Gayle ha escrito otros excelentes libros incluyendo "The Father Style" (Al Estilo del Padre) y "The Spirit Style" (Al Estilo del Espíritu).

Recuerdo vívidamente el jueves en la tarde que escuché a pastor Gayle por primera vez. No paré de reír. Usa mucho el sentido de humor, pero siempre con gran respeto por la Palabra y el Señor, y con excelentes lecciones para la vida del cristiano.

Pastor Gayle llegó a ser un buen amigo mío. Cuando años después viajé a Cuba en la obra misionera, lo invité varias veces. También compartió varias veces en la congregación hispana que el Señor me permitió fundar en el condado de Orange, California.

En Costa Mesa tuve la oportunidad de escuchar a excelentes expositores de las evidencias científicas que apuntan a un Creador, y desmienten Evolución. Escuché a varias personas con excelente récord académico y profesional, además de sólida fe cristiana, incluyendo al Dr. Henry Morris (Hidrología y Geología) considerado el Padre del Creacionismo Moderno, así como al Dr. John Morris (Geólogo), Dr. Gary Parker (Biólogo), Dr. Steve Austin (Geólogo), Ken Ham, Dr. A. E. Wilder Smith (tres doctorados), Roger Oakland (Biólogo), Dr. Dmitry Kutnezov, y otros.

Durante esos años, bajo pastor Chuck, dediqué bastante tiempo al estudio de las Escrituras, así como me fui equipando cada vez más en el tema del Creacionismo.

En 1992 quise animar a un conferencista canadiense, que estaba en Calvary Chapel Costa Mesa, Roger Oakland, a que visitara El Salvador y participara en las celebraciones del Décimo Aniversario de la Universidad Evangélica de El Salvador. Roger había escrito sobre el tema de Creación vs Evolución, y se dedicaba a dar conferencias sobre el tema.

Roger me dijo que aceptaba la invitación con una condición, que yo lo acompañara, lo cual no era mi plan. Sin embargo, para que Roger fuera, y fuese de bendición a mi país, accedí. Me sorprendió cuando también me pidieron que yo también expusiera sobre el tema.

Yo ya había escrito un librito sobre el tema: Evolución ¿Ciencia o Religión? El tema me apasionaba cada vez más, sobre todo ante el impacto que Evolución tiene, la falta de respaldo académico, y el daño espiritual que conlleva siendo una hipótesis de origen satánico, cuya finalidad es negar a Dios y destruir los fundamentos de la fe cristiana.

Las conferencias en la Universidad Evangélica fueron de bendición. Serví de traductor de Roger. Mi conferencia fue dada al personal docente de la Universidad Evangélica. Al final de ella los comentarios fueron muy positivos, afirmándome en el llamado del Señor en esta área.

La Presencia del Señor en el Trabajo

Baxter Edwards fue un lugar donde experimenté la presencia del Señor en forma milagrosa. No, Dios no está únicamente en el templo cuando se reúnen los fieles los domingos para adorarle. Dios está, y se manifiesta, en todas partes, incluso y especialmente en nuestros lugares de trabajo si tan solo por fe le damos la oportunidad de hacerlo.

Empecé mi nuevo trabajo en Baxter Edwards el 1ro de abril de 1988. Pronto empecé a experimentar desdeño infundado por parte de algunas personas. En esos días, debido a la crisis económica que sufría el país, la compañía empezó a despedir varios profesionales del departamento. Sin embargo, mi fe estaba en Jesús, y me aferraba a Él.

Una de las personas que me mostró poco respeto profesional desde el principio, era la gerente de la Sección de Materiales y Laboratorio de Extrusión, dentro del Departamento de Investigación y Desarrollo. Ella era de origen chino, de Taiwan, tenía un doctorado en polímeros de una reconocida universidad de Estados Unidos.

Ella era mi jefe, me confundía su actitud. Estaba embarazada, por lo que pensé que tal vez eso tenía algo que ver. Traté de ser paciente. Lamentablemente su negatividad hacia mi persona era muy fuerte.

Después de un par de meses decidí consultar con Recursos Humanos. Pronto me reasignaron temporalmente a otra persona, y luego terminé reportando al jefe de ella, John, lo cual fue un gran alivio.

John, mi nuevo jefe, era mormón, muy buena persona. Me valoraba mucho, y fue clave para que me ascendieran.

John era muy dedicado a su fe mormona. De hecho, un año después, dejó la compañía para trasladarse a Utah. Recuerdo una conversación en su oficina, en la que compartí mi fe con él. Lo hice sensiblemente, en el amor y poder del Espíritu Santo.

Siempre busqué la oportunidad, el momento oportuno y correcto, para compartir mi fe. En una ocasión compartí mi fe con una ingeniera judía, Renah. Recuerdo el momento, yo estaba parado enfrente de su cubículo. Mis ojos húmedos de la intensidad del momento, donde le compartía cómo Jesús era el Mesías que esperaba Israel.

Renah dejó la compañía para dedicarse a su hogar. Un día que llevó a su pequeña a visitar su antiguo departamento en Baxter Edwards, entró a mi oficina a saludarme. Luego le dijo a su hijita, "éste es Jaime, una gran persona." ¡Cómo deseo la salvación de Renah! Su familia era sefardita, judíos que habían salido de España expulsados durante Franco, su abuela había terminado en la India.

En otra ocasión compartía mi Fe con Hany, un ingeniero del Departamento de Control de Calidad. Era musulmán. Recuerdo una ocasión cuando compartía mi fe con él en mi oficina. La presencia del Espíritu se sentía. En un viaje que hizo a Egipto, su tierra natal, Hany me trajo un cortapapel de plata. Le tenía mucho aprecio.

En todo caso, a mi primera jefe, que me veía con arrogancia académica, le asignaron un proyecto para desarrollar un catéter cardiovascular con ciertas propiedades para el mercado japonés. Después de un año y varios miles de dólares, su proyecto no avanzaba. La dejaron ir. Su preparación académica y autoconfianza no la llevaron al éxito.

El Vicepresidente de Investigación y Desarrollo, Charlie Mooney, se me acercó y me dijo: "Jaime, tienes el proyecto y estamos bajo presión, tienes solo 6 meses para lograrlo." Lo que me sorprendió fue la paz que me dio el Señor. "Con gusto Charlie, ¡lo haremos!" fue mi respuesta.

A los cuatro meses el proyecto estaba completado. Dios estuvo involucrado sobrenaturalmente. Ocurrieron algunas cosas en el proceso de investigación donde, claramente, Dios estaba metido para ayudarme a avanzar contra el tiempo.

Tuve que diseñar un nuevo material, el invento de la aleación polimérica que hice resultó en una patente más. Además, diseñé el dado y el proceso de extrusión.

Fui el ingeniero principal y a la vez el encargado del proyecto, teniendo a cargo la coordinación de todo el proyecto hasta producción. La presencia y respaldo de Dios eran evidentes.

Empecé a recibir ofertas de trabajo de otras compañías médicas, me ofrecían buenas posiciones, incluso la de Director de Investigación y Desarrollo. Pero no las consideraba. Sabía que Dios me tenía en California, involucrado en Calvary Chapel Costa Mesa.

Entendía que mi trabajo y profesión no eran la meta principal, sino instrumentos que debían estar bajo el servicio, y para los propósitos, del Señor y su Reino.

Nuestra profesión y trabajo deben estar al servicio del Señor, no el Señor al servicio de nuestra profesión. Entonces contaremos con todo su apoyo. Tal como lo dijo el Señor: *"Busquen primero Su reino y Su justicia, y todas estas cosas les serán añadidas."* Mateo 6:33

La culminación de mis logros profesionales en Edwards fue cuando me asignaron un proyecto que requería una extrusión que nadie había logrado hacer. Se trataba de un catéter muy complejo de 7 lúmenes. Los ingenieros mecánicos, antes de que me lo asignaran, no habían logrado diseñar un dado de extrusión capaz de producir un perfil con todas las especificaciones y requerimientos deseados. Conceptos de diseño usados para otros dados no funcionaban.

Recuerdo la confianza en el Señor con que tomé el proyecto. Teníamos una fecha para tener el producto en el mercado. Era un proyecto muy importante, el más importante del departamento.

Diseñé el catéter, que de por sí era bastante complejo debido al número de lúmenes, con todos los requerimientos para su producción, ensamblado y funcionamiento. Pero había que diseñar el dado, el cual presentaba un mayor reto.

El dado debía ser idóneo para permitir un proceso estable de extrusión, y producir un perfil de unos dos milímetros de diámetro, caracterizado por más de 20 mediciones, con algunas tolerancias menores a 0.03 milímetros, en su sección transversal.

Recuerdo estando en mi oficina, pensando cómo diseñar un dado capaz de extruir el perfil, cuando vislumbré un diseño novedoso.

El nuevo diseño requería la más alta tecnología para su manufactura. Tenía que producirse con algunas tolerancias de 0.01 milímetros. John Pucket, un técnico en la disciplina de manufactura de dados de alta precisión, entusiasmado, aceptó el reto de su manufactura. John era mi amigo, siempre cooperaba y hacía lo mejor para apoyar mis proyectos.

El dado funcionó maravillosamente. En tres días logré, con la ayuda de Dios, establecer un proceso de extrusión estable que produjera el perfil dentro de las especificaciones requeridas.

Todo el proyecto fue un éxito. El catéter me brindó una patente más, afirmándome como el experto de la compañía en mi campo.

Dios estaba glorificando Su Nombre a través de mi persona. Recuerdo que, en los planos del diseño del dado, inscribí Sal 115:1. Un testimonio de que la gloria era debida a Dios.

Mi trabajo fue un escenario maravilloso de la fidelidad de Dios, desplegada muchas veces.

Para uno de mis proyectos, reportaba a un director muy reconocido en toda la compañía. Él era parte integral de la historia y desarrollo de Edwards, había estado desde que se fundó Edwards Laboratories, siendo precursor de los catéteres cardiovasculares.

Recuerdo que en esos días diseñé cierto catéter, el cual sentía que cumplía con todos los requisitos para su función, así como para su extrusión y manufactura.

El director, sin embargo, no me aprobaba el diseño. Convencido que el diseño era excelente y no se podía superar, apelé a Charlie, Vicepresidente de Investigación y Desarrollo. Discutimos el diseño, el cual impresionó a Charlie, quien me dio luz verde para proseguir.

El catéter fue producido exitosamente e introducido en el mercado. A los pocos meses el director sufrió un ataque al corazón. Tuvo que ser intervenido en el hospital. Cuando regresó al trabajo, en una reunión del departamento, agradeció a todos y dijo que le habían puesto el catéter que yo había diseñado, y que los doctores habían dicho que ¡era un catéter muy bueno!

Si Dios por nosotros, ¡quién contra nosotros! escribió el apóstol Pablo en su carta a los Romanos.

En otra ocasión, en el desarrollo de cierto producto, estaba teniendo dificultad con el técnico de extrusión asignado para apoyar mi proyecto. Durante el desarrollo del proceso de extrusión, no avanzábamos.

Sentía que el técnico era el problema. Un día mientras estaba trabajando con él en el proceso de desarrollo, frustrado me disculpé unos minutos, y me fui al cuarto aledaño al departamento de extrusión, para calmarme un poco. Le exclamé a Dios: "Señor, sin tu ayuda voy a fracasar en este proyecto. Tienes que hacer algo al respecto."

Al reintegrarme al cuarto de extrusión, encontré a un técnico totalmente cambiado y cooperativo. Logramos salir adelante. Harn se volvió mi amigo. En una ocasión que visitó su tierra natal, Tailandia, me trajo un recuerdo de cristal muy hermoso. Cuando dejé la compañía se despidió de mí en forma personal, muy emotivamente.

Mi tiempo en Baxter Edwards fue muy especial. Dios me permitió organizar una reunión semanal de oración. La teníamos los miércoles a la hora de almuerzo. La asistencia era de unas 5 a 7 personas.

También tenía comunión fraternal con algunos hermanos en la fe, que eran de gran estímulo, entre ellos Jack Hibbs, quien trabajaba en el laboratorio de sangre del Departamento de Investigación y Desarrollo. Jack tenía un muy buen testimonio en la compañía. Dejó su trabajo para dedicarse al evangelio.

Dios ha bendecido grandemente a Jack y su ministerio. La congregación que fundó tiene unos 5,000 miembros, sus enseñanzas se escuchan en cientos de estaciones de radio en Estados Unidos.

Al Neudeck, que trabajaba en el taller mecánico, fue otro hermano de bendición e inspiración. Craig Phillips, jefe del Laboratorio, también fue un buen hermano con quien compartíamos frecuentemente nuestra fe.

Don Bobo Jr., ahora Vicepresidente de la compañía, fue mi jefe cuando era Director. Don era un cristiano sólido, me tenía mucho aprecio y respeto, siendo clave para que me promovieran.

"Oh SEÑOR de los ejércitos,
¡Cuán bienaventurado es el hombre que en Ti confía!"

Salmo 84:6

Allá por el año 1995, después de siete años bajo las enseñanzas de pastor Chuck en Calvary Chapel Costa Mesa, me incorporé al ministerio hispano de la iglesia. Era un grupo de unas setenta personas que pastoreaba Pancho Robles. Pastor Pancho me recibió bien, y me invitaba a predicar en su lugar cuando se ausentaba por motivo de algún viaje misionero.

Por ese tiempo había escrito unos veinte artículos evangelísticos, que terminé guardando en una gaveta. Decidí enviárselos, sin embargo, a Keneth Mulholland, quien había sido profesor mío en un curso de misiones del Columbia Bible College and Seminary. El profesor Mulholland era un excelente hombre de Dios, a quien le tenía mucho aprecio. Él había sido misionero en Costa Rica.

Me respondió sugiriendo que era un material ideal para una serie de radio. Recibí su sugerencia, pero no conocía a nadie que pudiera interesarse en los programas, o una estación de radio en español que los quisiera, así que, volví a guardarlos en la gaveta.

Sin embargo, Dios estaba en el asunto. Pastor Chuck Eason, un bello siervo de Dios y misionero que fundó algunas estaciones de radio en Centro América, amigo de Pastor Robles, me pidió preparar una serie para radio, consistiendo de programas de unos tres minutos cada uno, para transmitirlos en Radio VEA de El Salvador.

Pastor Chuck Eason no tenía idea de mis escritos, ni de la sugerencia de Keneth Mulholland. Era obvio que el Señor había tenido que ver con esto. Le respondí afirmativamente con mucha emoción. La serie salió al aire bajo el título "Algo en Qué Pensar." El ministerio hispano de Costa Mesa apoyó financieramente las transmisiones.

Dicha serie fue posteriormente transmitida por radio en otros países, incluyendo Guatemala, Belice, Perú y Nicaragua.

A los días de estar en el ministerio hispano, mi deseo de enseñar la Palabra de Dios en forma expositiva, en forma personal, era intenso. Sentía como un fuego que me quemaba. Tenía que compartirla.

Un domingo en la mañana, durante el servicio, cuando pastor Pancho Robles predicaba, le dije a Dios: "Señor, ya son varios años desde que salí del instituto bíblico, yo siento la necesidad, me arde el corazón, por enseñar tu Palabra a un grupo hispano."

Ese mismo día, al final del servicio, Victor Briseño, un visitante a la iglesia, se acercó a David Estrada, la persona encargada de la grabación de las predicaciones. Víctor le expresó a David el deseo de tener un estudio bíblico en su casa.

David inmediatamente lo trajo a mi persona, y me preguntaron si podía hacerlo. "¡Por supuesto!" respondí. Empezamos los días jueves en la sala de la casa de Víctor y Griselda. Comencé enseñando el evangelio de Juan. Había reunidos varios miembros de la familia, incluyendo Adrián y Linda, Jaime y Hortencia, Pedro y Lucía. Se fueron añadiendo más personas.

David decidió grabar los estudios y duplicarlos en audiocasetes. Comenzó a compartirlos con amistades, y a mandarlos a Chihuahua, México, su tierra natal.

Al cabo de dos meses, una docena de personas del grupo dieron el paso de obediencia al Bautismo. Pastor Pancho Robles los bautizó.

Pastor Robles me empezó a insinuar que era tiempo de salir y abrir una obra. Personalmente no era mi intención pastorear una congregación. La oportunidad de enseñar semanalmente la palabra al grupo, me alegraba mucho y bastaba. Pero pensé que el Señor me estaba guiando a salir de Costa Mesa, para empezar un ministerio hispano en algún otro lugar.

Después de orar, compartí con Pastor Pancho mi sentir de abrir una obra en la ciudad de Orange. Cuando le expresé mi sentir, me respondió: "Anoche me contactó un pastor amigo mío solicitando ayuda para abrir el ministerio hispano en Calvary Chapel East Hills, la iglesia que él pastorea precisamente en Orange." No era coincidencia, una vez más ¡el Señor estaba guiando mis pasos!

Visité Calvary Chapel East Hills un par de veces, durante el servicio dominical, sin anunciar mi propósito. El tercer domingo les mencioné mi interés. Dijeron que iban orar al respecto. A los pocos días me confirmaron que sentían la guía de Dios de recibirme en su congregación para iniciar el ministerio hispano.

Nos empezamos a reunir los domingos en la tarde. En el primer servicio asistieron unas 60 personas. El 31 de marzo de 1996 Pastor Paul Green me ordenó como pastor, en frente de la congregación hispana de CC East Hills. Recuerdo el momento, con lágrimas recibía la responsabilidad pastoral. Fui también incorporado a la Junta Directiva de la iglesia. Dios me estaba llevando por un camino que ¡jamás pensé recorrer! Pero tal como escribió Pablo en su carta a los creyentes en Éfeso:

"somos hechura Suya,
creados en Cristo Jesús
para hacer buenas obras,
las cuales Dios preparó de antemano
para que anduviéramos en ellas."

Efesios 2:10

Y en Jeremías 10:23 el profeta exclamó: *"Yo sé, oh SEÑOR, que no depende del hombre su camino, Ni de quien anda el dirigir sus pasos."*

El Señor, Autor del Mensaje y del Camino

Mi trabajo con Baxter Edwards me llevó varias veces a Añasco, Puerto Rico donde la compañía tenía una planta manufacturera de catéteres. Teniendo un viaje próximo a Puerto Rico, decidí llamar a mi amigo Phil Smith de Athens. Le dije: "Phil, tengo que viajar a Puerto Rico, pudiera al regreso pasar por Georgia y compartir el fin de semana con ustedes." Phil se alegró, e inmediatamente me extendió su hospitalidad.

Una noche, después de esa llamada, desperté sin motivo alguno y sin sueño a la una de la madrugada. Algo muy raro, pues mi sueño era generalmente profundo. Decidí leer la Biblia un rato, siguiendo el orden que llevaba en las Escrituras. Sin embargo, a pesar de que no era lo que tenía en mente, empecé a elaborar un mensaje en mi corazón, y a escribir notas de la enseñanza que iba fraguando.

No era mi plan, pero el impulso de hacerlo era muy fuerte. Al terminar le dije al Señor: "Señor, yo pastoreo un pequeño rebaño hispano, pero este mensaje es para pastores." En todo caso, me volví a dormir, bastante sorprendido por el mensaje para pastores.

Pasado un par de días, recibí llamada telefónica de Phil, quien me dijo: "Hermano Jaime, estuve compartiendo de tu visita al grupo de pastores de la Asociación Sarepta de Athens, de la Convención Bautista del Sur. Me preguntaron si estarías dispuesto a compartir la palabra con ellos el día lunes que se reúnen."

Me sorprendí grandemente, pero muy emocionado le respondí "Por supuesto Phil, ya el Señor ¡me ha dado el mensaje!" Los pastores recibieron muy bien lo que compartí, de hecho dicho mensaje lo he compartido con cientos de pastores y líderes de varias iglesias en varios países.

Dios es realmente el arquitecto de mi ministerio, pues no es mi ministerio, es Su ministerio. Y Él lo ha ido desarrollando conforme a su plan y voluntad, para su beneplácito.

Un domingo por la mañana, allá por 1998, me sentí impulsado en escribir un mensaje evangelístico. En cuestión de una hora, estando muy inspirado, lo terminé de escribir. Lo refiné un poco, y lo conversé con el grupo de adoración de la congregación hispana que pastoreaba. Decidimos convertirlo en un audio con música y alabanzas intercaladas con el mensaje.

A pesar de no tener experiencia en el campo, fui el director del proyecto. Adolfo Blanco, un siervo del Señor, diseñador artístico, preparó el arte del audio casete. Lázaro Interiano, dueño de Intercolor Printing en California imprimió los cartoncitos de los audiocasetes.

Un día Jairo, un buen amigo colombiano cristiano con corazón misionero, que había servido en el ejército de su país, me llamó para ver si tenía algún material evangelístico que se pudiera compartir con las fuerzas armadas de Colombia. Le comenté del proyecto, el casete se llamaría "Encuentro con Jesús".

Cuando el proyecto estaba listo le envié un audiocasete para que lo evaluara. Su respuesta fue muy positiva, llena de entusiasmo. Quería 5,000 casetes para distribuir en el ejército de Colombia.

El casete fue un éxito espiritual, muchas personas recibieron a Jesús a través del audio casete. Su distribución física llegó a unos 16 países.

Sentí entonces la necesidad de fundar una organización misionera, legalmente establecida en Estados Unidos, para poder apoyar la producción y distribución del caset, así como futuros materiales y esfuerzos misioneros.

Nació, pues, la organización sin fines de lucro financiero "The Word For Latin America". Conocida en español como "El Verbo Para Latinoamérica", o por su acrónimo, "ELVELA", nombres debidamente registrados en EE. UU.

Los reportes que recibíamos desde varios países eran muy alentadores. Personas que habían sido ateas se convirtieron a Jesús, al igual que militares y guerrilleros en Colombia.

El audio ENCUENTRO CON JESÚS, se puede escuchar hoy en día a través de nuestra página web www.elvela.com

MI NOMBRE ES GABRIEL

En uno de mis viajes de trabajo, me dirigía hacia la planta de Baxter-Edwards en Añasco, Puerto Rico. Tenía que tomar varios aviones. Mi primer vuelo salía del aeropuerto del Condado de Orange, California hacia el aeropuerto de Dallas-Fort Worth, Texas. Mi segundo vuelo saldría de Dallas hacia el aeropuerto de Miami, de donde continuaría mi viaje hacia Puerto Rico.

En la mañana, antes de salir hacia el aeropuerto del Condado de Orange, se me ocurrió llevar dos casetes ENCUENTRO CON JESÚS para compartirlos en el vuelo. No llevé más casetes pues no me cabían en el bolsillo.

Mi decisión era un poco extraña a "los ojos naturales", una idea tal vez poco probable. Pero no hay nada improbable o absurdo cuando el Espíritu Santo es quien nos guía.

En el primer vuelo de California a Dallas, Texas me tocó un asiento a la ventana, se sentó a mi lado un joven que resultó ser de habla hispana. Le compartí el evangelio durante el vuelo. Fue muy receptivo, escuchándome atentamente. Al final le obsequié uno de los casetes que llevaba. Le pregunté su nombre: "Me llamo Gabriel", fue su respuesta.

En el segundo vuelo, de Dallas, Texas a Miami, Florida tomé mi asiento, una vez más me tocó asiento de ventana. Las personas estaban abordando el avión, y veía que nadie tomaba el asiento del medio. Finalmente, una joven tomó el asiento del pasillo. Nadie ocupó el asiento del medio. Por un lado, me agradó pues se viaja más cómodo así, por otro lado, quería tener la oportunidad de compartir el evangelio con alguien en dicho vuelo.

Trascurrido un poco tiempo, decidí aventurarme y compartir el evangelio con la joven sentada en el pasillo. Resultó que hablaba español. Fue muy receptiva al evangelio, de hecho, terminó aceptando a Jesús, orando públicamente para recibirlo en su corazón. Al final le dije: "Disculpa, ¿cómo te llamas?". Me respondió: "Me llamo Gabriela."

Me entró mucha curiosidad, llevaba dos casetes en español para compartirlos en mi viaje dentro de los Estados Unidos, lo cual pude hacer porque las dos personas que se sentaron a la par mía, en ambos viajes, era hispanoparlantes. Y luego, ambos se llamaban Gabriel, Gabriela. En todo lo que había estado en California, no había interactuado jamás con ningún hispano con esos nombres, y ahora ¡ambos en el mismo día!

Al regreso de Puerto Rico, en el aeropuerto de Dallas-Fort Worth se me antojó comprar un delicioso "ice-cream", sorbete, o helado, como le llama en distintos lugares. Una vez más, el Espíritu Santo me impulsó a preguntarle el nombre a la persona que me lo sirvió. Respondió: "Gabriel". Me dije: Definitivamente ¡esto no es coincidencia!

La curiosidad no podía quedarse enterrada. Había que buscar lo que el Espíritu me quería decir en todo esto. Busqué en una concordancia, donde encontré que Gabriel significa "hombre de Dios".

Orando y tratando de entender, le dije al Señor: Todos ellos me estaban diciendo "hombre de Dios" cada vez que les preguntaba su nombre. Señor, veo que ellos, sin entender, al decirme sus nombres me estaban declarando que yo era un "hombre de Dios".

Añadí: "Señor, te amo, pero soy un pecador."

Sentí que el Señor me respondió: "Lo sé, pero estás en mis manos, eres mi instrumento, eres hombre de Dios porque eres mío, me perteneces." ¡Qué privilegio!

Bien dijo Jesús a sus apóstoles:

"Ustedes no me escogieron a Mí,
sino que Yo los escogí a ustedes,

y los designé para que vayan y den fruto,
y que su fruto permanezca;

para que todo lo que pidan al Padre en Mi nombre
se lo conceda."

Juan 15:16

Con lágrimas expresé mi agradecimiento a Dios. A eso es a lo que nos llama el Buen Pastor. Para eso nos ha escogido, para ser hombres y mujeres de Dios, sus instrumentos, en sus manos, para sus propósitos perfectos, llenos de amor y vida abundante.

Eso es lo que quiero ser, eso es lo que soy por su divina gracia, lavado por la sangre del Cordero de Dios.

"como está escrito:

Cosas que ojo no vio, ni oído oyó,
Ni han entrado al corazón del hombre,

Son las cosas que Dios ha preparado
para los que lo aman."

1 Corintios 2:9

Señor Dame a Mi Mamá

Mi mamá era una mujer católica muy devota. Recuerdo acompañarla varias veces, caminando por los pasillos de la casa donde vivíamos, mientras rezábamos el rosario.

Siempre tenía carga por compartir el evangelio de gracia con mi mamá, y lo hice. Pero pasó bastante tiempo, cuando vivía en California, sin que nos visitara. Un día con carga espiritual por ella, entré a mi habitación y con lágrimas le clamé al Señor. Le dije: "Señor, ¡dame a mi mamá!"

A los cinco minutos recibí una llamada telefónica, era mi mamá anunciando que me iba visitar. Era claro que el Señor estaba contestando mi oración.

En esa breve visita, si bien mi mamá no se prestaba entonces para conversar de mi fe, aproveché a disfrutar con ella un tiempo tierno y de mucho amor. En enero del siguiente año la llamé para anunciarle que iba viajar a San Salvador, donde ella estaba viviendo en ese tiempo. Le expresé que no iba tomar ningún compromiso del ministerio, solo pasar cuatro días enteros con ella, disfrutando y compartiendo mi afecto filial.

La mañana que me regresaba a California, al despedirme de ella, le obsequié un casete ENCUENTRO CON JESÚS. Le dije: Mamá, nunca sabemos si mañana estaremos en este mundo, si el Señor nos llevará. Quiero que escuches este audio casete. Si el Señor me llevara, y no te vuelvo a ver en este lado de la eternidad, éstas son las últimas palabras que quisiera que oyeras de mí.

Me despedí con un beso y partí hacia el aeropuerto.

El día siguiente, cuando la llamé para decirle que había regresado a California con bien, pude oír el casete de fondo, lo estaba escuchando en ese momento. Muy entusiasmada, sin que yo le dijera nada, me dijo que le había encantado.

Volví a viajar a ver a mi mamá. En el siguiente viaje pude compartir con ella, con toda libertad, la esperanza en Jesús, que no hay necesidad de venir a otro mediador. Nuestra relación madre hijo se fortaleció enormemente.

El Señor se la llevó en el 2003. Cuando estaba en la sala de cuidados intensivos en un hospital de Miami, tan pronto me vio llegar, se emocionó y alegró muchísimo, y empezó a lanzarme besos.

Tengo buenos recuerdos de mi mamá. Uno de ellos, fue su visita a Montreal, Canadá cuando estaba en el programa de Maestría en Ingeniería Química de McGill University. Disfruté mucho su visita.

Mamá ¡espero verte pronto de nuevo! El Señor viene muy pronto por quienes pusimos la fe en Él.

¡ADIÓS QUERIDA COMPAÑÍA!

El grupo hispano que pastoreaba estaba creciendo, y las puertas se estaban abriendo para la obra de Dios. Decidí hablar con mi jefe en Baxter Edwards y negociar trabajar solo 4 días a la semana, para poder dedicarle más tiempo al ministerio.

Posteriormente lo reduje a tres días por semana, lo cual por supuesto estaba poniendo freno a mi carrera profesional.

Estaba en el pináculo de mi carrera, había avanzado y manejaba buenos e importantes proyectos de desarrollo e implementación de nuevos productos. Varios de mis diseños e inventos en el área de materiales, catéteres y dados de extrusión fueron patentados.

Me desenvolvía muy bien en mi campo profesional, pero mi pasión por las almas, y la urgencia del evangelio a un mundo perdido por falta de conocimiento, era mayor. Decidí renunciar a mi trabajo y poner todas mis energías en el evangelio.

Recuerdo en particular una tarjeta de Al Neudeck. Al trabajaba en el taller mecánico de Baxter, en la manufactura de válvulas mecánicas del corazón. Al tenían corazón misionero y pasión por las almas en China. Cuando se jubiló, se dedicó a ministrar a la iglesia perseguida de China.

Antes de dejar la compañía, Al y yo conversamos muchas veces durante el almuerzo, sobre el Señor, sobre China y sobre el ministerio. Al también integraba el grupo de oración que dirigía los miércoles a la hora de almuerzo.

El día que iba presentar mi renuncia en Edwards, esa mañana, sentado en el escritorio de mi casa, sentí curiosidad por abrir una Biblia en particular. Estaba junto a otras Biblias y libros en un estante, a la par de mi escritorio. Cuando la abrí, encontré una tarjeta que Al me había enviado hacía algún tiempo.

En la tarjeta Al me decía: "En el tiempo del Señor podrás dedicarte a tiempo completo en el servicio del evangelio". Una vez más, no era coincidencia o casualidad. El Señor me estaba confirmando su respaldo en el paso de fe que iba dar ese día, dejaba mi trabajo para dedicarme a tiempo completo a la obra del Señor.

Dejé mi trabajo, pero a los pocos meses tuve que trabajar a medio tiempo para proveer económicamente para mi hogar. Trabajé por varios meses como consultor para una compañía médica pionera en el desarrollo de catéteres cerebrales.

La situación me golpeaba, pues realmente ya no quería dividir mi tiempo con la industria. En el año 2003 Dios me permitió renunciar al trabajo de consultor, y poder dedicarme al 100% a la obra del Señor. A partir de ahí Dios ha provisto más que abundante, maravillosa y milagrosamente a mis necesidades.

Por esos días recibí una invitación sorpresa del Miles McMahon, pastor de Calvary Chapel Sonora, al norte de California. La invitación era para ir a Cuba y compartir en una conferencia de pastores. La invitación me emocionó mucho, pues Cuba ha sido un país que jamás soñé poder visitar para compartir el evangelio, y ahora estaba siendo invitado para enseñar en una conferencia de pastores.

AL CARIBE Y LATINOAMÉRICA

Pastor Miles McMahon me llamó para pedirme que compartiera en la conferencia para pastores, al oriente de Cuba, sobre las evidencias que respaldan la creación sobrenatural del universo y la vida. Realmente la solicitud me inquietó mucho por varias razones. Sin embargo, los pastores cubanos pidieron insistentemente que por favor compartiera sobre el tema. Entendiendo que no podía negarme ya más, caí de rodillas y le rogué al Señor sabiduría para poder presentar el tema dentro del contexto cubano.

Cuando íbamos viajando por carro hacia Guantánamo, recuerdo que Miles decía que ese viaje lo estaba haciendo por mí, para llevarme a mí a Cuba. Fue el último viaje que hizo Miles a Cuba. Después de ese viaje, he visitado Cuba unas 16 veces más.

La conferencia en Moa, Guantánamo fue muy impactante en muchos sentidos. Aproveché a exhibir la película "Jesús". El pequeño templo donde la presenté estaba repleto, no había suficiente cupo, niños y adultos llenaban los pasillos y las ventanas desde afuera. A la hora de hacer la invitación a recibir a Cristo muchos lo hicieron.

Posteriormente viajamos a Santiago de Cuba. Recuerdo cuando íbamos entrando al hotel, unos jóvenes afuera del hotel nos saludaron preguntando para qué veníamos a Santiago. La pregunta me sorprendió. Les respondí que habíamos llegado para hablar de Jesús. Ellos me expresaron querer oír de Jesús.

Los pocos días en Santiago fueron muy especiales, ocupados e impactantes para mi persona. Cuando nos íbamos, uno de los jóvenes que nos habían saludado al llegar al hotel, me dijo: "¿Ya te vas? ¡Y no me has hablado de Jesús!". Eso ¡rompió mi corazón!

Cuando regresábamos a Estados Unidos, venía llorando en el avión. La experiencia, todo el viaje, las personas, las interacciones, todo me había impactado profundamente. Sabía que tenía que regresar.

En el 2004 regresé invitado a Santiago de Cuba, por la Primera Iglesia Bautista de Santiago, de la Convención Bautista Oriental de Cuba. Di conferencias sobre las evidencias de la creación, también prediqué y enseñé la Palabra de Dios en varias ocasiones.

Me hospedé en la casa pastoral, el pastor Joel y su esposa Norma fueron bellos anfitriones. Tuvimos tiempos maravillosos. Una vez más Cuba, los hermanos de la iglesia, los cubanos se habían ganado mi corazón.

Recuerdo cuando llegué al aeropuerto para tomar mi avión de regreso a California. Al abrir la puerta del carro, vi a Chichi, un bello hermano que sufre de hemofilia y anda en una silla de ruedas. Había llegado, empujando su silla desde su casa hasta el aeropuerto, para despedirse y obsequiarme un lindo recuerdo artesanal hecho con sus propias manos.

Puertas se abrieron también en Perú y en Ecuador, países en los cuales recibí invitaciones. Di conferencias sobre Creacionismo, también compartí la Palabra de Dios en múltiples oportunidades.

Había participado también en algunos eventos en México, entre ellos el Festival de Vida en Querétaro, un evento evangelístico organizado por el pastor Mike McIntosh de Horizon Christian Fellowship de San Diego, California. Tuve la oportunidad de dar presentaciones en las facultades de Química y de Medicina en una universidad local.

A la fecha el Señor me ha llevado a 14 países para compartir la Palabra de Dios en persona, incluyendo Estados Unidos, México, Guatemala, Belice, El Salvador, Honduras, Nicaragua, Costa Rica, Cuba, Perú, Ecuador, Colombia, Uruguay y Argentina. Las palabras proféticas que recibí en Guatemala en el año 1987 se han confirmado a lo largo del tiempo.

Nuestros libros han llegado hasta Rusia, ministrando a hispanoparlantes. A través de nuestra página web www.elvela.com hemos llegado a muchos más lugares.

La Fiel y Milagrosa Guía del Señor

En mi primer viaje a Cuba pude ver la necesidad de Biblias para los pastores cubanos. Conversando con un amigo pastor, Ezequiel, decidimos hacer una cita con el departamento encargado de asuntos religiosos en La Habana, y así solicitar el permiso para enviar 7,000 Biblias de Estudio.

Mientras tanto, me dediqué a investigar distintas Biblias de Estudio en español, su contenido y precios, para así elegir una. Después de un proceso de investigación, seleccioné la Biblia de Estudio de Las Américas, de la Fundación Lockman, de la Habra, California.

Viajé a Cuba para solicitar el debido permiso. Fuimos atendidos muy amablemente por el pastor Pepe López, quien me autorizó el envío. Salimos muy contentos de la reunión, sin preocuparme cómo iba obtener los fondos.

La junta directiva de ELVELA sugirió que presentáramos el proyecto a la junta directiva de Calvary Chapel Costa Mesa, encabezada por Pastor Chuck Smith. La Junta Directiva de Costa Mesa fue muy receptiva a la necesidad y oportunidad en Cuba, aprobando generosamente cubrir todo el presupuesto de la compra y envío de las 7,000 Biblias de Estudio.

Cuando fuimos a recoger las Biblias a la Fundación Lockman, me dijeron que el Dr. Hernández, presidente del comité traductor de la Biblia quería saludarnos.

Ahí supe que el Dr. Hernández era cubano, y que la fundación llevaba años queriendo saber cómo enviar Biblias a Cuba. La reunión fue muy emotiva. El presidente de la Fundación Lockman me obsequió una Biblia de pasta de cuero legítimo, autografiada por los miembros del comité traductor, así como por el presidente y vicepresidente de la Fundación.

El Señor nos permitió hacer dos envíos más de Biblias de Estudio para pastores cubanos.

Realmente nuestro ministerio en Cuba ha sido toda una experiencia sobrenatural. En una ocasión había sido invitado para ministrar en el centro y occidente de la isla. Hubiéramos querido visitar al pastor Enio Navarro, de la Segunda Iglesia Bautista de Guantánamo al oriente del país, pero el permiso del gobierno cubano, en ese viaje, solo cubría nuestra participación en el centro y occidente del país. Tanto Enio como yo queríamos planificar una conferencia futura.

Cuando regresaba de ese viaje a Cuba, me tocó hacer cambio de avión en el aeropuerto de México D.F. Estando en línea en el mostrador de American Airlines, se acercó un empleado del aeropuerto preguntándole a la persona enfrente mía si era mexicano. El respondió: "Sí, yo soy mexicano, pero mi amigo es cubano." El saber que su compañero de viaje era cubano despertó mi interés, por el amor que guardo a Cuba.

Inmediatamente entablé conversación con el cubano. A los 5 minutos descubrí que la persona era nadie menos que Enio Navarro, quien venía de Chile y estaba por tomar un avión para Cuba. Enio y yo, asombrados y agradecidos con Dios, levantamos las manos en adoración a Dios, cuyos propósitos eternos son seguros.

En otro de mis viajes a Cuba, al salir de la aduana del aeropuerto de La Habana, busqué la línea de taxis para dirigirme a mi hotel. El taxista, al que le tocaba su turno, se me acercó contento cuando me oyó decir: "Taxi, Taxi por favor." Amablemente me ayudó con una de mis maletas.

Sin embargo, hubo algo que dijo al acercarse, que me tomó por sorpresa: "¡Usted es un escritor!"

Él no me conocía, ¿por qué dijo eso? ¿cómo supo? Él no sabía que efectivamente había escrito ya algunos libros de evangelización y edificación cristiana.

"Sí, más o menos", le respondí.

A pesar de que no le había compartido nada de mi persona, la conversación que entablamos en el camino siguió asombrándome. El taxista me contaba que se había despertado esa mañana meditando. Consideraba cómo cosas como el ferrocarril y las vías del tren formaban algo complementario con propósito; luego mencionó ejemplos de la naturaleza donde vemos sistemas complementarios. Él estaba buscando respuestas de la vida, de su origen y propósito.

Ante la realización de lo que ocurría, estallé de emoción. Le dije: Quien lo despertó e inspiró su meditación esta mañana no era nadie menos que el Espíritu Santo de Dios. Y ese mismo Espíritu Santo es quien le reveló que soy escritor. Es más, en mi maleta de mano traigo precisamente un libro sobre el tema.

Saqué entonces mi libro: "El Hombre: Su Origen y Destino". Cuando lo vio me lo arrebató de la mano, muy emocionado. Pude compartir el evangelio con él.

Dios real y asombrosamente, se muestra en nuestro camino cuando nuestro camino es Su camino. Él es el arquitecto de nuestros pasos, vidas y ministerios.

"Encomienda al SEÑOR tu camino,
Confía en Él, que Él actuará"

Salmo 37:5

Jesús mismo es el edificador de su iglesia viva, y de la vida de sus discípulos. Ver a Dios obrar es algo maravilloso.

Una de las experiencias lindas que he experimentado en Cuba fue cuando había sido invitado a predicar en un campamento juvenil, en la provincia de Camagüey, ante unos 2,000 jóvenes del país.

Había otro predicador invitado quien compartió la palabra antes de mi turno. Recuerdo ver la multitud de jóvenes sedientos de Dios. Me sentía totalmente pequeño e inepto ante la gran oportunidad y responsabilidad. Sin embargo, cuando me paré a predicar, en ese momento sentí la presencia y poder del Espíritu Santo.

Pude predicar con libertad y poder. A la hora de invitar a las personas a recibir a Jesús, o de afirmar su salvación confiando en el sacrificio de Jesús en la cruz, cientos vinieron al frente. Muchos también hicieron decisión de entregar sus vidas al servicio completo del evangelio. Recuerdo el gozo y asombro que llenó mi corazón esa tarde.

La imagen de un biólogo ateo extendiendo sus manos hacia arriba en alabanza al Señor Jesús, después de convertirse a Cristo en una de mis conferencias, es otra escena preciosa que atesoro en mi corazón.

Hay muchas experiencias más que pudiera compartir, que muestran la obra del Señor, su gracia y poder. Servirle es una experiencia maravillosa, toda una aventura de fe. En todo caso, aprovecho a compartir una experiencia más relacionada con el ministerio en Cuba, ¡Perla del Caribe!

¿DE SANTA CLARA?

Una tarde, mientras estaba en el supermercado, recibí una llamada a mi celular. Generalmente no contesto si el número es desconocido, hasta saber quién es, o de qué se trata, si dejan mensaje. Hay demasiadas llamadas donde buscan venderte algo.

Esta llamada era de un número desconocido proveniente de la Florida. Pero por algún motivo, contesté.

Era Amparo, una sierva del Señor, quien Dios ha usado para bendecir a su pueblo en su tierra natal. Estaba de viaje en Estados Unidos, adonde había sido invitada a algunas conferencias.

Yo no la conocía, mucho menos de dónde venía. Ella pronto, sin perder tiempo, me expresó su interés en mi ministerio, sobre todo por mi preparación académica y enseñanzas sobre el Creacionismo. Durante la conversación me dijo que se llamaba Amparo, a lo que le respondí: "¿Amparo de Santa Clara?".

Nunca había hablado con ella, no sabía de dónde era. Obviamente fue una palabra de conocimiento, un don del Espíritu dado en ese momento, que me reveló de dónde venía ella. Entendí que Dios estaba en esto.

Amparo viajó a los pocos días a California, donde tuvimos una reunión muy amena, y donde planeamos una visita a su país. Dios desarrolló a partir de ahí, una buena amistad, de bendición para la obra de Dios.

Dios me permitió conocer lindas personas en su congregación, personas entregadas al servicio del Señor, que viven el evangelio de corazón, llenas de mucho amor. Los tiempos de alabanza y adoración son una experiencia preciosa. Gracias a Dios por ella y por los siervos y pueblo de Dios en Ebenezer.

Tan pronto experimenté un encuentro con Jesús en 1984, el deseo de mi corazón fue compartir con todo el mundo mi fe, las verdades que había empezado a conocer, y las advertencias de ir por el camino equivocado. Por supuesto que mis hermanos, siendo familia cercana y a quienes quiero, era con quienes quise hacerlo también.

Había crecido en la religión tradicional, mi familia siendo un fuerte pilar y defensora de la iglesia Católica Romana en la sociedad salvadoreña. El que el hermano menor experimentara un acercamiento a Dios era muy bueno a los ojos de mis hermanos, pero que el hermano menor viniera con ideas que retaran las tradiciones religiosas de nuestros padres… ¡definitivamente no!

Sin embargo, la Palabra de Dios y las experiencias que estaba viviendo con el Señor, estaban impactando profundamente mi vida, a la vez que sembrando un sentido de urgencia por compartir el mensaje.

Recuerdo al principio de mi caminar, cómo me impactaron las palabras de Jesús en Mateo 7:21

"No todo el que me dice: "Señor, Señor",
entrará en el reino de los cielos,

sino el que hace la voluntad de Mi Padre
que está en los cielos."

Estas no eran palabras cualesquiera, para tomarlas a la ligera, no eran ideas u opiniones, era una declaración seria del Hijo de Dios. Su palabra inquebrantable y segura, penetraba a mi corazón como un cuchillo puesto al fuego penetrando un bloque de cera.

Entendí mejor que nunca que no bastaba ser religioso, ni rezar al Señor. Había que estar en su voluntad.

También me impactó mucho cuando Jesús dijo:

"Entren por la puerta estrecha,

porque ancha es la puerta y
amplia es la senda que lleva a la perdición,
y muchos son los que entran por ella.

Pero estrecha es la puerta y
angosta la senda que lleva a la vida,
y pocos son los que la hallan."

Mateo 7:13-14

Entendí que el destino de la mayoría de la humanidad es la separación y condenación eterna. Es la realidad. No importa qué tanta fama o dinero, o aprobación de la sociedad uno tenga, si uno no entra por la puerta angosta, el lago de fuego y azufre es su destino.

Entendí también que uno puede estar sirviendo al señor equivocado, a pesar de ser muy religioso. Bien lo advirtió el Señor:

"Nadie puede servir a dos señores;

porque o aborrecerá a uno y amará al otro,
o apreciará a uno y despreciará al otro.

Ustedes no pueden servir a Dios y a las riquezas."

Mateo 6:24

Provengo de una familia exitosa en el mundo de los negocios, crecí con comodidades materiales, nunca me tocó hacer mi cama, lustrar mis zapatos, lavar o doblar mi ropa, lavar platos, barrer o trapear el piso. Empleadas lo hacían por mí.

De niño, el pasaje donde Jesús decía que era muy difícil para un rico entrar en el reino de los cielos, me inquietaba.

Cuando tuve mi encuentro con Jesús, y conocí el verdadero evangelio de la gracia, recibí salvación y fui liberado para servir al Señor de corazón. No necesitaba la seguridad del dinero, tenía la seguridad del ¡Buen Pastor!

En un viaje, en que tuve la oportunidad de reunirme con unos primos, muy exitosos, en Miami, Estados Unidos, les mencioné afectiva y respetuosamente el peligro de las riquezas. Traje a mención el pasaje del joven rico, y cité la Escritura *"es más fácil que un camello pase por el ojo de una aguja, que el que un rico entre en el reino de Dios."* Lucas 18:25

Uno de ellos comentó sonriendo que un cura ya les había aclarado que "la aguja" era una puerta en Medio Oriente, y que se podía entrar agachándose. Me entristeció la mala información que le dio el cura, y lo serio del error.

Les tengo mucho cariño a mis primos, ellos fueron muy amables conmigo en ese almuerzo. De hecho, me ayudaron encargándose del envío de mi carro de Miami a Guatemala, sin cobrarme un centavo, cuando viajé para estar cuatro meses en Guatemala.

En todo caso, volviendo a mis hermanos, tengo que confesar que la pasión por Jesús y el evangelio de gracia, que me embargó cuando vine al Señor, muchas veces no fue expresada con la mayor madurez, paciencia y sabiduría espiritual.

La frustración de que no estuvieran dispuestos a tratar conmigo el tema seriamente, a la luz de la Biblia; las ramificaciones de buscar las bendiciones de Dios a través de María, o de depositar la fe en el Vaticano, el sacerdocio y las tradiciones católicas, sin escudriñar debidamente las Escrituras, me perturbaba mucho.

María fue una gran mujer, pero ella está en la presencia de Jesús, ella no oye las peticiones que le hagamos desde acá. Solo Dios puede oír las peticiones, y conocer los pensamientos, de todas las personas, todo el tiempo, en todo lugar.

Solo Dios es omnipresente. Si le rezas a María, si le clamas a ella para tu salvación, ella no te oye, y Dios tampoco acepta tu oración porque has buscado refugio en María no en su Hijo Jesucristo, a quien Dios ha establecido como el único camino al Padre, el único mediador entre Dios y los hombres.

"Jesús le dijo:
"Yo soy el camino, la verdad y la vida;

nadie viene al Padre
sino por Mí.""

Juan 14:6

"Porque hay un solo Dios,

y también un solo Mediador
entre Dios y los hombres,

Cristo Jesús hombre."

1 Timoteo 2:5

Jesús mismo enseñó a sus discípulos a venir al Padre cuando oraran. Y luego les invitó a pedirle directamente a Él:

"Ustedes, pues, oren de esta manera:
Padre nuestro que estás en los cielos..."

Mateo 6:9

"Y todo lo que pidan en Mi nombre, lo haré,
para que el Padre sea glorificado en el Hijo.

Si me piden algo en Mi nombre,
Yo lo haré. "

Juan 14:12-14

Mi nueva fe claramente cambió mis prioridades, mi estilo de vida, mi entretenimiento, mi pasatiempo, mis amistades.

Mis decisiones, y mi vida, tomaron otro rumbo, lo cual combinado con las fricciones que mi fe, o mis interacciones, había provocado en la relación con mis hermanos, me hizo sentir que ya no pertenecía.

Cómo ansiaba tener con ellos la comunión fraternal que experimentaba con otras personas en la fe.

Una mañana, en mi tiempo de oración, sintiendo tristeza por mi relación con mis hermanos, le dije al Señor que me sentía como José, hijo de Jacob, alienado de sus hermanos.

Por esos días, tratando de decidir qué Biblia de Estudio llevar a los pastores en Cuba, había contactado a varias casas editoriales.

Mientras oraba esa mañana, me sorprendió una llamada telefónica por ser muy temprano. Era de una casa editorial de la costa oriental de Estados Unidos.

Ellos están a tres horas delante de nosotros en California.

Contesté el teléfono, la persona que llamó dijo: "¿Puedo hablar con el Sr. JOSÉ Simán? " Le respondí: "Sí, soy JAIME Simán."

En mi interior me quedé más que asombrado. Había estado orando con el Señor, expresando mi sentir, y ahora esta persona, al decir mi nombre se equivoca y me llama "José". Dios sabía perfectamente cómo me sentía. Dios se manifiesta, y consuela de muchas maneras a sus hijos. David expresó su sentir en uno de sus salmos, quedando registrado en las Escrituras para nuestro consuelo y fortaleza. David era el menor de los hijos de Isaí.

"Me he convertido en extraño para mis hermanos,

Y en extranjero para los hijos de mi madre.

Porque el celo por Tu casa me ha consumido..."

Salmo 69:8-9

En la historia de José, hijo de Jacob, el final es de hermosa armonía. Mi deseo y oración es poder disfrutar, con mis hermanos en la carne, comunión fraternal en Cristo, ya sea que se cumpla en este lado de la eternidad, o cuando el Señor venga por su pueblo.

CREACIONISMO EN LAS UNIVERSIDADES Y ESCUELAS

Kevin O'Neal, un misionero en Cuenca, Ecuador me invitó a Cuenca para dar conferencias de creacionismo en un colegio protestante, así como para dar un seminario sobre el tema para pastores locales. Entre otras actividades realizamos también un alcance a universitarios.

Las conferencias en el colegio cristiano fue algo muy iluminador. Al final de las presentaciones me invitaron a un almuerzo con el director y con el profesor encargado de ciencias, además de otras autoridades del colegio.

Yo sabía de antemano de la invitación al almuerzo, pues Kevin me lo había participado. Al preguntar el motivo, Kevin me respondió que probablemente el propósito era tratar el tema entre el grupo directivo pues estaban buscando claridad. De hecho, un misionero norteamericano que trabajaba en el colegio creía en Evolución Teísta, que Dios había creado el universo y la vida por procesos evolutivos.

Las conferencias fueron muy efectivas. En el almuerzo, el profesor de ciencias en un momento de las conversaciones se dirigió a mi persona diciendo: "Y ahora, ¿qué hago?, les he enseñado evolución todo este tiempo."

El profesor, quien era católico, había comprendido el error de la hipótesis darwiniana. La pregunta abrió las puertas para que le compartiera el evangelio de salvación.

Durante el evento para pastores locales, pude observar la ignorancia sobre el tema dentro del cuerpo pastoral. Varios pastores creían en evolución, ignorando no solo el error científico de la hipótesis, mas también ignorando el tremendo impacto y ataque a los fundamentos de la fe cristiana.

En Quito tuve el privilegio de dar una ponencia sobre el tema en la Convención Anual Bautista del Ecuador, gracias a la invitación de mi apreciado hermano Dr. Joselito Orellana. La presentación fue muy bien recibida.

Entrevistas por radio y/o televisión en El Salvador, Estados Unidos, Ecuador y Uruguay han sido excelentes oportunidades para exponer el tema.

Dios también abrió las puertas para dar seminarios de hasta una semana, sobre creacionismo y la exposición de los primeros 11 capítulos de la Biblia, en institutos bíblicos en México, Guatemala, Perú, Ecuador, Cuba y Uruguay.

Allá por 2015 fui invitado a dar una presentación a estudiantes y profesores de la Universidad Salvadoreña Alberto Masferrer (USAM). Las presentaciones fueron muy bien recibidas.

Las puertas pronto se abrieron para dar conferencias en otras universidades de El Salvador.

En el año 2016 toqué puertas en el Ministerio de Educación de El Salvador (MINED). Pude presentar la necesidad de incorporar el tema en el currículum escolar ante autoridades del ministerio.

En el 2017 el Director de Educación Media, el Lic. Óscar Águila, me recibió en su oficina. Al exponerle la importancia del tema y presentarle el libro que escribí en el 2015, "Génesis: El Origen del Cosmos y la Vida", el Lic. Águila me invitó a dedicarle media mañana a un grupo de 40 docentes para exponer los méritos del tema.

Al final de la presentación el Lic. Águila se expresó sumamente receptivo y favorable a lo expuesto. De hecho, se organizaron varias conferencias más para profesores de educación del sistema público.

Cubrimos cientos de profesores en dichas conferencias, a quienes se les obsequió gratis un ejemplar del libro "Génesis: El Origen del Cosmos y la Vida". De nuevo, las respuestas a las conferencias fueron muy favorables.

Lamentablemente con la pandemia se suspendieron las conferencias en las escuelas públicas. Es mi oración que en un futuro se puedan reanudar. Creo que es muy necesario capacitar a los profesores en este tema tan importante sobre el origen de la vida.

También creo que el currículum académico en las escuelas públicas debe incluir las evidencias que confirman que el universo y la vida no pueden ser resultado de procesos casuales, sino más bien, reflejan la obra del Creador. Es más, cuando se presenta el Darwinismo se deben incluir los problemas y deficiencias de dicha y otras hipótesis de Evolución.

Los jóvenes necesitan saber que no son resultado de accidente, sino más bien una creación maravillosa de Dios, con propósito temporal y eterno.

Aunque no pude continuar con las conferencias durante la pandemia del COVID-19, aproveché el tiempo para crear una video serie sobre el tema, la cual cuenta con más de 40 video programas de unos 45 minutos de duración cada uno, accesibles sin costo alguno en YouTube así como en la página web de ELVELA y en FB en el fan page de ELVELA.

En el 2022 inauguramos en Ataco, Ahuachapán, El Salvador, con el respaldo del Señor, un nuevo lugar bajo el nombre de JARDINES DE EL SEÑOR, para dar conferencias regionales de Creacionismo y exponer los errores de Evolución; así como para compartir la palabra de Dios en forma expositiva.

Ya hemos dado varias conferencias, además de hacer algunos alcances a la comunidad. Con la ayuda del Señor seguiremos desarrollando esta nueva base de ministerio en El Salvador, compartiendo el amor de Dios y su luz.

En el año 2012 di un viaje a las montañas de Chalatenango, El Salvador, para escribir un libro y buscar de Dios.

Mientras oraba, buscando la guía del Señor respecto a un buen hermano a cargo del ministerio de jóvenes de la congregación, percibí que había que estimularlo a salir para empezar una obra hispana en otro lugar, ya fuera en Estados Unidos o en Latinoamérica.

Al regresar de mi viaje me reuní con Cándido. Le pedí que dejara las responsabilidades que tenía en la iglesia para que se dedicara a buscar la guía del Señor y dar el paso de fe.

Después de que conversara y orara con su esposa Griselda, sintieron el llamado de empezar algo en San Luis Río Colorado, Sonora, México.

San Luis Río Colorado es una ciudad fronteriza, al otro lado de Estados Unidos, atravesando Yuma, Arizona. La mamá, hermana, y algunos parientes de Griselda vivían ahí.

El paso de fe que dieron Cándido y Griselda ha sido de gran bendición, Dios confirmando el llamado de ellos, y bendiciendo su paso de obediencia. La obra Capilla Calvario Emanuel, de San Luis Río Colorado es una obra fructífera, próspera y de bendición en el área.

En cuanto a mi llamado, Dios me ha llevado por varios lugares en su obra. Siempre dispuesto y buscando saber adónde desea el Señor usar los dones que me ha regalado para su servicio y gloria.

Varias personas maduras en la obra del Señor me animaban desde hace varios años a considerar dedicarme 100% a la obra misionera en Latinoamérica. Pero no sentía que todavía era el momento de dejar la congregación hispana de Orange, California.

La frecuencia de mis viajes misioneros y mis largas ausencias dieron, sin embargo, la oportunidad a otros hermanos en Orange, California para compartir la palabra y tomar mayores responsabilidades en la iglesia.

Después de la pandemia sentí que mi tiempo en Calvary Chapel Emanuel, Orange estaba terminando y que debía dar otro paso de fe. Pero ¿adónde?

En el año 2021 después de hablar con Joe Dyer, un buen amigo y miembro de la Junta Directiva de ELVELA, sentí que debía dar un paso de fe y desarrollar en El Salvador una base del ministerio.

El liderazgo de la congregación de California aceptó la responsabilidad de seguir a cargo de la obra en Orange. Un buen y fiel hermano, Salvador Gutiérrez fue ordenado Pastor Asociado. Francisco Trujillo, otro buen hermano, fue ordenado Pastor Asistente ¡Dios expandiendo la obra una vez más!

Un Campo de Batalla

El camino del cristiano no es sin obstáculos, luchas, tropiezos, oposición, sufrimiento, desilusiones y traiciones.

Además de ser un camino, es un campo de batalla espiritual, con ramificaciones eternas. Dios nos lo ha advertido en muchos pasajes de las Escrituras, para que perseveremos y no seamos desalentados.

Hay batallas contra la misma naturaleza pecadora que llevamos, también contra el mundo y sus instrumentos, que son gobernados por Satanás. Nuestra lucha es también contra las fuerzas espirituales de maldad en las regiones celestes, demonios de distintos rangos organizados en el ejército del diablo (Efesios 6:10-20).

En su segunda carta a Timoteo Pablo escribió que *"En verdad, todos los que quieren vivir piadosamente en Cristo Jesús, serán perseguidos."* 2 Timoteo 3:12

Jesús les advirtió a sus discípulos diciendo que *"Si el mundo los odia, sepan que me ha odiado a mí antes que a ustedes. Si ustedes fueran del mundo, el mundo amaría lo suyo; pero como no son del mundo, sino que Yo los escogí de entre el mundo, por eso el mundo los odia."* Juan 15:18-19

Muchas veces la oposición viene de personas religiosas. Fueron los fariseos, los sacerdotes y los líderes religiosos los que se lanzaron contra Jesús. Ellos se gloriaban en su propia justicia, anhelaban la admiración de los hombres, se gloriaban en sus tradiciones religiosas, las cuales buscaban observar minuciosamente, sobre todo a la vista de otros.

Jesús les habló de la verdadera justicia, y de la necesidad de arrepentimiento. El Hijo de Dios les expuso su hipocresía e inconsistencia.

Cuando los fariseos, escandalizados y ofendidos, le preguntaron a Jesús por qué sus discípulos no observaban las tradiciones religiosas, les reprochó:

"¿Por qué también quebrantan ustedes
el mandamiento de Dios
a causa de su tradición?...

¡Hipócritas!
Bien profetizó Isaías de ustedes cuando dijo:

"Este pueblo con los labios me honra,
pero su corazón está muy lejos de mí.

Pues en vano me rinden culto,
enseñando como doctrinas preceptos de hombres.""

Mateo 15:1-9

No fueron los religiosos honrados por las instituciones establecidas, sino los que se reconocían pecadores ante Dios, los que buscaron y amaron al Buen Pastor.

Fueron pecadores, quienes, al oír a Jesús, experimentar su amor y compasión, le siguieron.

Fueron ellos quienes al ver el perdón y la esperanza que Jesús ofrecía, dejaron su pecado y el mundo, para seguirle.

Los que se creían justos, siguieron en su hipocresía religiosa, aceptables ante la institución religiosa de su tiempo, pero nunca aceptables a Dios.

A veces la oposición viene de personas cercanas, lo cual es bastante doloroso. Pero Jesús demanda fidelidad absoluta. Dios no permite el adulterio espiritual. O lo amas y sirves de todo corazón, o no eres digno de ser su discípulo.

No puedes amar a Dios y al mundo a la vez. No puedes tener dos amantes, no puedes servir a dos señores a la vez. No puedes estar casado con dos amores a la vez.

Jesús dijo que el que no estaba con Él estaba contra Él, no hay término medio. O Él es la pasión y Señor de tu vida, o no le perteneces.

Ninguna relación familiar puede tener mayor prioridad o ser objeto de mayor entrega que el Señor. Jesús lo dejó bien claro, y varios pasajes de las Escrituras así lo muestran:

"Grandes multitudes acompañaban a Jesús;
y Él, volviéndose, les dijo:

Si alguien viene a Mí,
y no aborrece a su padre y madre,
a su mujer e hijos,

a sus hermanos y hermanas,
y aun hasta su propia vida,
no puede ser Mi discípulo.
El que no carga su cruz y me sigue,
no puede ser Mi discípulo."

Lucas 14:25-27

La palabra aborrecer, dentro de la cultura y contexto bíblico del pasaje citado, se refiere a poner en segundo lugar, que no puede ocupar el mismo lugar que nuestra devoción y obediencia a Cristo.

Dios nos manda amar a nuestro prójimo, y por supuesto incluye a las personas cercanas, a nuestras familias. Debemos buscar, pues, servir y amar a nuestras familias. Pero lo debemos hacer con un amor moldeado por la misma palabra de Dios, poniendo a Dios por encima de todo, estableciendo y edificando nuestro hogar para la gloria de Dios no para metas mundanas.

Cuando se levanta oposición al llamado y voluntad de Dios en nuestras vidas, debemos buscar razonar con las personas, y animarlas a la obediencia al Señor. Pero en todo caso, tenemos que tomar la decisión de seguir al Señor, aunque otros se alejen de nosotros.

Jesús prometió paz para sus discípulos, pero no necesariamente circunstancias pacíficas. En Juan 14:27 declaró: *"La paz les dejo, Mi paz les doy; no se la doy a ustedes como el mundo la da. No se turbe su corazón ni tenga miedo."*

En Juan 16:33 Jesús les dijo: *"Estas cosas les he hablado para que en Mí tengan paz. En el mundo tienen tribulación; pero confíen, Yo he vencido al mundo."*

En Mateo 10:34-39 declaró:

*"No piensen que vine a traer paz a la tierra;
no vine a traer paz, sino espada.*

*Porque vine a poner al hombre contra su padre,
a la hija contra su madre,
y a la nuera contra su suegra;*

*y los enemigos del hombre
serán los de su misma casa.*

*El que ama al padre o a la madre más que a Mí,
no es digno de Mí;*

*y el que ama al hijo o a la hija más que a Mí,
no es digno de Mí.*

*Y el que no toma su cruz y sigue en pos de Mí,
no es digno de Mí.*

*El que ha hallado su vida,
la perderá;*

*y el que ha perdido su vida por Mi causa,
la hallará."*

Nuestro campo de batalla involucra también una lucha contra la naturaleza pecadora que llevamos. Tal como Pablo escribió en su carta a los Romanos *"yo sé que en mí, es decir, en mi carne, no habita nada bueno. Porque el querer está presente en mí, pero el hacer el bien, no. Pues no hago el bien que deseo, sino el mal que no quiero, eso practico. Y si lo que no quiero hacer, eso hago, ya no soy yo el que lo hace, sino el pecado que habita en mí... ¡Miserable de mí! ¿Quién me libertará de este cuerpo de muerte? Gracias a Dios, por Jesucristo Señor nuestro..."* Romanos 7:8-25

El Señor prometió poder por medio del Espíritu Santo. En Hechos 1:8 leemos la promesa a sus discípulos:

"recibirán poder
cuando el Espíritu Santo venga sobre ustedes;

y serán Mis testigos
en Jerusalén, en toda Judea y Samaria,
y hasta los confines de la tierra".

Tenemos bacterias y virus peleando en nuestro cuerpo. Mientras nuestro sistema inmune las pelea, estamos saludables. Si nuestro sistema inmune flaquea, las bacterias y virus nos dominan y enferman. De igual manera, evitaremos sucumbir a los deseos de nuestra naturaleza pecadora siempre que nos dejemos guiar y fortalecer por el Espíritu Santo.

En su carta a los Gálatas Pablo nos exhorta:

"anden por el Espíritu,
y no cumplirán el deseo de la carne.

Porque el deseo de la carne es contra el Espíritu,
y el del Espíritu es contra la carne,
pues estos se oponen el uno al otro,

de manera que ustedes
no pueden hacer lo que deseen.

Pero si son guiados por el Espíritu,
no están bajo la ley."

Gálatas 5:16-18

Dentro de esa batalla, a veces bajamos la guardia, tropezamos, por eso Dios nos ha provisto un Sumo Sacerdote que nos representa ante el Padre, habiendo ofrecido un sacrificio perfecto por nuestros pecados, una vez para siempre.

En Hebreos 4:14-16 leemos que

"Teniendo, pues, un gran Sumo Sacerdote
que trascendió los cielos,

Jesús, el Hijo de Dios,

retengamos nuestra fe.

Porque no tenemos un Sumo Sacerdote
que no pueda compadecerse de nuestras flaquezas,

sino Uno que ha sido tentado en todo como nosotros,
pero sin pecado.

Por tanto, acerquémonos con confianza

al trono de la gracia

para que recibamos misericordia,
y hallemos gracia para la ayuda oportuna."

Los hijos de Dios tropezaremos a veces en la batalla diaria, pero no nos quedamos en el suelo, arrepentidos pedimos perdón, y con la ayuda de Dios nos levantamos y seguimos en Su camino.

"Ningún arma forjada contra ti prosperará,

Y condenarás toda lengua

que se alce contra ti en juicio.

Esta es la herencia de los siervos del SEÑOR,

Y su justificación procede de Mí,

declara el SEÑOR".

Isaías 54:17

¡YO SÉ QUE MI REDENTOR VIVE!

En uno de mis viajes misioneros, Javier, un querido hermano en la fe, me preguntó cuál era mi versículo bíblico favorito. Le respondí que dependía del día, las circunstancias y situaciones que estuviera pasando.

Sin embargo, esa noche reflexionando en la pregunta de Javier, me di cuenta de que había un versículo muy especial para mi vida, se encuentra en el libro de Job: *"¡Yo sé que mi Redentor vive!"* Job 19:25

Job había perdido a sus hijos, había perdido sus posesiones, estaba sufriendo llagas dolorosas en todo su cuerpo. Su esposa no era de mucho consuelo, sus palabras fueron: *"¿Aún conservas tu integridad? Maldice a Dios y muérete."*

Sus amigos fueron peores consoladores: Cuando se acercaron para apoyar a Job, quedaron atónitos al verlo, y después de unos días guardando silencio empezaron a acusarlo, argumentando que Dios es justo y lo estaba castigando por ser Job un hombre malvado. Según sus amigos Dios ahora estaba exponiendo y castigando a Job públicamente.

Job era un hombre de gran integridad, no solamente a los ojos de los hombres, mas sobre todo, y de mayor importancia, a los ojos de Dios. Job, sin embargo, se encontraba destituido, rechazado y condenado por la gente, aun por sus seres cercanos.

El dolor emocional de Job, la confusión de no entender por qué Dios estaba permitiendo su situación, sabiendo que Dios es soberano, lo torturaba.

Job no sabía del reto que había entre Dios y el diablo respecto a su persona. La conversación que hubo entre el diablo y Dios fue en el cielo. Cuando se presentaron los ángeles ante Dios, Satanás se acercó también. Dios se jactó de Job, y el diablo lo retó diciendo que la integridad de Job era porque Dios lo protegía, pero que en el momento que le quitara su protección Job lo maldeciría.

Al diablo no le bastó quitarle su familia y pertenencias a Job. Siendo que Job se mantuvo fiel a Dios, el diablo demandó tocar la salud de Job. Dios lo permitió, siempre que no le quitara la vida.

En medio de las interacciones que tuvo Job, en su defensa ante sus amigos, declaró que si se trataba de justicia sin mancha alguna, ante un Dios perfecto nadie pasa la prueba.

"Entonces Job respondió:

En verdad yo sé que es así,

Pero ¿cómo puede un hombre
ser justo delante de Dios?

Si alguien quisiera discutir con Él,
No podría contestar ni una vez entre mil."

Job 9:1-3

Job anheló tener un mediador entre Dios y él, alguien que intercediera por él ante un Dios perfecto. En medio de la más profunda oscuridad, Job esperó en ese mediador. En su desesperación clamó:

"Yo sé que mi Redentor vive,
Y al final se levantará sobre el polvo.

Y después de deshecha mi piel,
Aun en mi carne veré a Dios;

Al cual yo mismo contemplaré,
Y a quien mis ojos verán y no los de otro.

¡Desfallece mi corazón dentro de mí!"

Job 19:25-27

Las palabras de Job son profundas. En ella profetiza a Jesús. La palabra "redentor" en hebreo se refiere al pariente cercano, que paga el precio para liberar a un familiar que se ha tenido que vender como esclavo por carecer de recursos para pagar sus deudas.

El esclavo no puede hacer nada por comprar su libertad, no tiene los recursos para hacerlo. Pero el pariente cercano, que posee suficientes recursos, da el pago requerido.

La figura del "redentor" en el Antiguo Testamento es un "tipo" de Jesucristo, el Hijo de Dios, quien tomó un cuerpo humano, se hizo hombre, para convertirse en nuestro pariente, y luego ir a la cruz para pagar el precio requerido para librarnos de la esclavitud y dominio de Satanás.

Tal como Escribió Pablo en Colosenses 1:13-14

Dios *"nos libró del dominio de las tinieblas*
y nos trasladó al reino de Su Hijo amado,
en quien tenemos redención:
el perdón de los pecados."

En mi laptop, y en mi celular, tengo en el protector de pantalla la frase *"Yo sé que mi Redentor vive"*.

Cuando me calumnian o atacan, sé que mi Redentor vive. Cuando me acusan falsamente, sé que mi Redentor vive. Cuando fallo, sé que mi Redentor vive. Cuando me encuentro en situaciones donde no hay salida a los ojos de los hombres, sé que mi Redentor vive.

Al Evangelio Verdadero:
No Por Sabiduría o Méritos Personales

Reconozco claramente, y estoy convencido, que solo Dios en su gran misericordia es el autor de mi salvación.

Estoy seguro de que jamás hubiera conocido la libertad y salvación que encontramos en Jesucristo, sino hubiera sido por su obra en mi vida, y las circunstancias que me llevaron a Él; todo por su divina gracia, por su favor no merecido, no por mis méritos.

Crecí en la religión tradicional, donde el miedo a ser condenado eternamente, si cuestionas o entras en desacuerdo con la autoridad y tradiciones religiosas de la denominación, es real.

Además, crecí en El Salvador, en un círculo social y económico no tocado por el evangelio verdadero en la década de los años 1960 y 1970.

Los lazos de mi familia con la iglesia Católica Romana son muy fuertes. Monseñores visitaron mi casa. Sacerdotes católicos eran amigos de la familia, y llegaban con frecuencia a comer en casa. El prestigio y aprobación religiosa de mi familia es fuerte. Parientes cercanos son sacerdotes y monjas.

En mi encuentro con Jesús, no pensé jamás dejar la tradición en la cual crecí. Lo que sí ocurrió fue una libertad total al poder comprender el evangelio de salvación por gracia, por medio de la fe en Jesús, poniendo mi confianza en Él.

Esa libertad incluía la libertad de leer las Escrituras, y poder entenderlas por el poder del Espíritu Santo, aceptando su autoridad por encima de cualquier tradición o autoridad religiosa humana.

"Pero cuando alguien se vuelve al Señor,
el velo es quitado.

Ahora bien, el Señor es el Espíritu;
y donde está el Espíritu del Señor,
hay libertad."

2 Corintios 3:16-17

Poco a poco me fui desprendiendo de doctrinas y tradiciones incompatibles con la Palabra de Dios. Algunas, si bien tenían apariencia de ser piadosas, se habían desviado de la devoción a Cristo, restando al sacrificio de Jesús en la cruz como obra necesaria y suficiente para el perdón de los pecados, y para la salvación eterna.

Pablo bien advirtió a los creyentes de la iglesia de Corinto:

"temo que, así como la serpiente
con su astucia engañó a Eva,

las mentes de ustedes sean desviadas
de la sencillez y pureza
de la devoción a Cristo.

Porque si alguien viene y predica a otro Jesús,
a quien no hemos predicado,

o reciben un espíritu diferente,
que no han recibido,

o aceptan un evangelio distinto,
que no han aceptado,

bien lo toleran."

2 Corintios 11:3-4

Todo aquello, incluso apariciones y milagros, que socaban nuestra devoción a Cristo, deben descartarse.

Algunas personas son fuertemente influenciadas por los milagros. Toda aparición es confirmación para ellos que lo sucedido lleva el sello de Dios, y es obra bendecida por Dios.

Ellos deberían considerar que el diablo ha estado engañando con obras milagrosas desde la antigüedad. En los días de Moisés los magos del Faraón, obrando bajo el poder de demonios, hicieron milagros.

Pero aún peor es el que Satanás se disfrace como ángel de luz (2 Corintios 11:14).

Pablo advirtió sobre milagros y obras sobrenaturales procedentes de Satanás, que confundirán a muchos en los últimos días. El apóstol escribió de

"poder y señales y prodigios mentirosos,

y con todo engaño de iniquidad
para los que se pierden,

porque no recibieron el amor de la verdad
para ser salvos.

Por esto Dios les enviará un poder engañoso
para que crean en la mentira,

a fin de que sean juzgados
todos los que no creyeron en la verdad
sino que se complacieron en la iniquidad."

2 Tesalonicenses 2:9-12

¿Cuál es la verdad que debemos creer para no ser engañados? ¡La Palabra de Dios! Jesús en su oración al Padre, antes de ir a la cruz, exclamó:

"Yo les he dado Tu palabra

y el mundo los ha odiado,
porque no son del mundo,
como tampoco Yo soy del mundo.

No te ruego que los saques del mundo,
sino que los guardes del maligno.

Ellos no son del mundo,
como tampoco Yo soy del mundo.

Santifícalos en la verdad;
Tu palabra es verdad."

Juan 14:14-17

La Ofensa del Evangelio y la Barrera Social

Algunas personas van tras sabiduría de hombres imperfectos y pecadores, o buscan comprender a Dios por medio de su razonamiento y filosofía natural. Pero a las revelaciones de Dios, y a la salvación, no se llegan por inteligencia, filosofía o sabiduría humana.

No importa qué tan intelectual, o humanamente inteligente sea uno, la sabiduría de Dios no se alcanza con la mente y esfuerzo humano. Y eso ¡es una ofensa para el orgullo del hombre!

"Porque la palabra de la cruz
es necedad para los que se pierden,

pero para nosotros los salvos es poder de Dios.

Porque está escrito:

Destruiré la sabiduría de los sabios,
Y el entendimiento de los inteligentes desecharé."

... ¿No ha hecho Dios que
la sabiduría de este mundo sea necedad?

Pues ya que en la sabiduría de Dios,
el mundo no conoció a Dios
por medio de su propia sabiduría,

<u>*agradó a Dios mediante la necedad de la predicación*</u>
<u>*salvar a los que creen.*</u>

Porque en verdad los judíos piden señales
y los griegos buscan sabiduría;

pero nosotros predicamos a Cristo crucificado,

piedra de tropiezo para los judíos,
y necedad para los gentiles.

Sin embargo, para los llamados,
tanto judíos como griegos,
Cristo es poder de Dios y sabiduría de Dios.

Porque la necedad de Dios
es más sabia que los hombres,

y la debilidad de Dios
es más fuerte que los hombres."

1 Corintios 1:18-25

Las riquezas y el éxito profesional, o empresarial, son muchas veces una trampa. Algunos están muy ocupados en sus ambiciones profesionales o empresariales, siendo lo principal en sus vidas, por lo que no tienen tiempo para Dios, o para buscar realmente la verdad.

Ni Dios, ni la voluntad de Dios, son el centro de sus vidas. Tal vez recurren a Dios, pero es solo para triunfar en sus ambiciones, no para buscar su voluntad.

No tienen una urgencia por conocer la verdad, están cómodos en su ambiente religioso, no tienen interés en ser incomodados. Deciden confiar su destino eterno en hombres religiosos, sin investigar adecuadamente sus tradiciones a la luz de la Biblia, o si son dignos de confiar.

El profeta Jeremías advirtió contra poner la confianza en los hombres en lugar de Dios.

"Así dice el SEÑOR:

Maldito el hombre que en el hombre confía,
Y hace de la carne su fortaleza,

Y del SEÑOR se aparta su corazón."

Jeremías 17:5

Otros, no sienten necesidad de Dios, se sienten autosuficientes. Bien advirtió el Señor que era muy difícil para los que tienen riquezas, entrar al reino de los cielos.

En cambio, los que han sido sacudidos por necesidades económicas, crisis fuertes, profundos fracasos, cárcel o drogas, muchas veces son más receptivos y sienten necesidad de recurrir al Salvador, rindiendo sus vidas al señorío de Jesús, abrazando al Salvador y la vida eterna.

El estrato social, en muchos países de Latinoamérica, es también, una barrera para que algunos acepten el evangelio. No, Dios no odia a los ricos o a los que tienen títulos profesionales, tampoco ama a los pobres solo porque sean pobres. Dios no hace acepción de personas.

Dios no quiere que nadie se pierda, mas que todos vengan al arrepentimiento (2 Pedro 3:9), ya sean ricos o pobres, profesionales o gente sin preparación académica, tanto hombres como mujeres.

Pero la persona sabia, que es aceptable a Dios, es la que teme a Dios y su palabra, la que busca a Dios, y su prioridad es Dios y las cosas eternas no las temporales.

Lamentablemente el estrato social es una barrera para algunas personas. Para ellos es una ofensa unirse a personas de otro estrato social, o a personas rechazadas por la sociedad.

Pero tenemos en Moisés el ejemplo de un hombre que creciendo en la más alta esfera del poder, económica y cultural de su tiempo, puso a Dios por prioridad, y se identificó con el pueblo de Dios.

"Por la fe Moisés, cuando ya era grande,
rehusó ser llamado hijo de la hija de Faraón,

escogiendo más bien ser maltratado
con el pueblo de Dios,
que gozar de los placeres temporales del pecado.

Consideró como mayores riquezas
el oprobio de Cristo
que los tesoros de Egipto,

porque tenía la mirada puesta en la recompensa."

Hebreos 11:24-26

Moisés se identificó con el pueblo sufrido de Dios. Algunos, lamentablemente, no conciben una relación fraternal con el pueblo humilde de Dios, con personas sin educación universitaria, o con carencias económicas.

Tal vez ven de menos al creyente de cuna humilde, al creyente económicamente privado, subestiman a "la persona que no ha triunfado en este mundo", considerando como un debilucho al que se refugia en Dios, y se fortalece en la esperanza futura del Reino de los Cielos. Pero:

"Dios ve no como el hombre ve,
pues el hombre mira la apariencia exterior,
pero el SEÑOR mira el corazón."

1 Samuel 16:7

"Pues consideren, hermanos, su llamamiento.

No hubo muchos sabios conforme a la carne,
ni muchos poderosos, ni muchos nobles.

Sino que Dios ha escogido lo necio del mundo
para avergonzar a los sabios;

y Dios ha escogido lo débil del mundo
para avergonzar a lo que es fuerte.

También Dios ha escogido lo vil y
despreciado del mundo:

lo que no es, para anular lo que es,

para que nadie se jacte delante de Dios.

Pero por obra Suya están ustedes en Cristo Jesús,
el cual se hizo para nosotros sabiduría de Dios, y
justificación, santificación y redención,
para que, tal como está escrito:
El que se gloría,
que se gloríe en el Señor."

1 Corintios 1:26-31

En la congregación que el Señor me permitió fundar en California he visto gente humilde, sin preparación académica, llenos de fe y entrega a Dios. Algunos no han tenido educación secundaria, mucho menos universitaria, pero tiene más sabiduría que muchos que tiene títulos académicos superiores.

Tal vez no han adquirido muchos bienes materiales, solo lo básico para la vida diaria, dependiendo día a día de la provisión del Señor, pero tiene una mansión reservada en los cielos, en la ciudad eterna, edificada no por manos humanas, sino por Dios.

Hemos sido testigos de jóvenes que crecieron en el campo, sin zapatos ni educación académica, y ahora son siervos de Dios. Son valientes, no se han acobardado, viven para Dios en contra de la corriente del mundo. Son ahora usados en el liderazgo, llamando al arrepentimiento, dando consuelo, ofreciendo esperanza, proclamando a Jesús.

Tal vez no son elocuentes, y su gramática puede ser imperfecta, pero enseñan la palabra sana de Dios fielmente y sin adulterar.

También hemos visto cómo Dios ha levantado hombres atados al alcohol y las drogas, liberándolos y transformando sus vidas y hogares.

Dios llama a ricos y pobres, sabios y no letrados al arrepentimiento y al reino de los cielos, independiente del estrato social, o sabiduría del mundo.

"Porque de tal manera amó Dios al mundo,
que dio a Su Hijo unigénito,

para que todo aquel que cree en Él, no se pierda,
sino que tenga vida eterna"

Juan 3:16

¿De qué le sirve a un hombre
ganar el mundo entero
y perder su alma?

O, ¿qué dará un hombre
a cambio de su alma?

Marcos 8:36-37

"Porque cualquiera que se avergüence de Mí
y de Mis palabras
en esta generación adúltera y pecadora,

el Hijo del Hombre también se avergonzará de él,
cuando venga en la gloria de Su Padre
con los santos ángeles"

Marcos 8:38

LA MARAVILLOSA Y NECESARIA GRACIA DE DIOS

Gracia quiere decir favor no merecido, comprado por Jesús en la Cruz del Calvario.

En 1984 experimenté un poderoso encuentro con Jesús, y el evangelio de la gracia, por medio de la fe. El camino desde entonces ha dependido de la gracia del Señor. Esa gracia se obtiene por fe, no por méritos propios u obras.

Es importante entender que el camino del cristiano es sobrenatural, y requiere poder sobrenatural. Los retos del cristiano son más grandes, las situaciones más complejas, de lo que podemos enfrentar.

Necesitamos sabiduría, fortaleza, y poder de lo Alto. Por esa razón el Señor prometió el Espíritu Santo a sus discípulos. Sin el Espíritu Santo, no podemos vivir la vida cristiana. No se compra. Se recibe por gracia, por medio de la fe.

Pablo habló de la vida del cristiano, por fe:

"no me avergüenzo del evangelio,
pues es el poder de Dios para la salvación
de todo el que cree,

del judío primeramente y también del griego.

Porque en el evangelio la justicia de Dios se revela
por fe y para fe,

como está escrito:

Mas el justo por la fe vivirá."

Romanos 1:16-17

A partir de 1984 me esmeré por vivir una vida consagrada a Dios, buscando obedecerle no porque estaba casado con la ley de Dios, sino por amor a Jesús, con quien ahora estoy desposado (Romanos 7:4).

Mi primer matrimonio fue sumamente difícil, sin embargo, me responsabilicé por mi familia. Aunque imperfecto, con inmadureces y fallas, les amé y proveí, esforzándome valientemente tanto por su bienestar material como espiritual. La gracia de Dios siempre me sostuvo. El temor y amor a Dios, y su gracia, me fortaleció en el sacrificio de mi vida por el bienestar de ellos.

Al crecer mis hijos, hubo separación con mi esposa por muchos años. En momentos de soledad, en momentos de incomprensión, en momentos de debilidad, el Señor me fortaleció. Continué dedicado a la obra del Señor, no permití que mi soledad o necesidad de una pareja, me desviara de mi servicio a Dios.

Me refugié en el Señor. No busqué mujer ni refugio en el afecto de otra mujer. Pero, a decir verdad, experimenté tales momentos de debilidad y tentación que, sin la gracia de Dios, no los hubiera podido superar.

Pude, pues, experimentar la gracia de Dios en la fortaleza que el Espíritu Santo me dio. Pero, así como la gracia de Dios nos sostiene en momentos duros de la vida, la gracia de Dios nos bendice supliendo nuestras necesidades y refrescando nuestras vidas. Bien escribió David en el Salmo 23:1-3

"El SEÑOR es mi pastor,
Nada me faltará.

En lugares de verdes pastos me hace descansar;
Junto a aguas de reposo me conduce.

Él restaura mi alma;

Me guía por senderos de justicia
Por amor de Su nombre."

Así que, en su divina gracia Dios me ha refrescado también. Después de muchos años, en uno de mis viajes misioneros conocí a una joven salvadoreña que había asistido a una de mis presentaciones, la cual le había impactado bastante. Pronto me empezó a apoyar en las conferencias, siempre ayudando, distribuyendo libros, tomando fotos, etc. Terminamos enamorándonos y complementándonos muy bien. En enero del 2022 nos casamos en Ataco, Ahuachapán, El Salvador. Nuestro lema de boda: *"Yo y mi casa serviremos al SEÑOR."* Josué 24:14-15.

El amor de Maria Teresa ha venido a refrescar mi corazón, por lo que doy gracias a Dios. Sin duda sus dones y profesión de médico serán de bendición en la obra del Señor. Esta es una manifestación más de la maravillosa gracia de Dios. Me uno al salmista en agradecer y alabar a Dios:

> *"Cantad alabanzas al SEÑOR,*
> *vosotros sus santos,*
> *y alabad su santo nombre.*
> *...*
> *el llanto puede durar toda la noche,*
> *pero a la mañana vendrá el grito de alegría.*
>
> *...*
> *Tú has cambiado mi lamento en danza;*
> *has desatado mi cilicio y me has ceñido de alegría;*
>
> *para que mi alma te cante alabanzas*
> *y no esté callada.*
>
> *Oh SEÑOR, Dios mío, te alabaré por siempre."*

Salmo 30:4-12

Es mi oración que el nombre de Jesús sea cada día exaltado y engrandecido más y más en nuestras vidas.

He experimentado la gracia de Dios en la fortaleza que Dios me ha dado, así como en las bendiciones con que ha refrescado mi corazón. Pero también he experimentado, y sigo experimentando, la maravillosa y necesaria gracia de Dios, en cuanto a que cubre mis fallas, mis debilidades, tropiezos y pecados.

Para eso vino Jesús al mundo. Tal como escribió Juan en su evangelio: *"la ley fue dada por medio de Moisés; la gracia y la verdad fueron hechas realidad por medio de Jesucristo."* Juan 1:17

Reconozco que, en mi caminar, he tenido momentos donde he dejado qué desear, donde mi testimonio ante otros no es lo que debió haber sido. A veces he sido impaciente, a veces no he mostrado gracia, a veces mis pensamientos, palabras y acciones no han agradado a Dios, y me he tenido que arrepentir ante Dios.

Hay ocasiones donde he fallado sin saberlo. Hay áreas deficientes que han estado ocultas a mi vista. Hasta después, cuando he ido adquiriendo mayor madurez, el Espíritu Santo me las ha mostrado, y me he arrepentido de ellas.

En otras ocasiones he procedido sin la prudencia y sabiduría apropiada. Y como resultado he fallado, y he tenido que pedir perdón a Dios.

Lo maravilloso del evangelio, es que el Señor nos cubre con su gracia, nos perdona y ayuda. La gracia de Dios cubre nuestras imperfecciones, flaquezas, debilidades, tropiezos y pecados.

Cuando fallamos, en lugar de alejarnos de Él, podemos correr a Él, pedir perdón y fortaleza. Y el Señor mismo nos recibe y restaura. En lugar de "tirar la toalla" debemos levantarnos por su gracia, y seguir hacia adelante.

Puedo decir verdaderamente que he experimentado la maravillosa gracia de Dios. No pudiera estar ante Dios sin ella, no pudiera vivir sin ella, al igual que Pedro, o David, o todo hombre o mujer que ha caminado sobre la tierra, sin la gracia de Dios no tendría esperanza de salvación. Pero gracias a Jesucristo tengo seguridad de salvación. Sus promesas son verdaderas, su palabra fiel.

Al leer las páginas del Antiguo y Nuevo Testamento podemos conocer a Dios y ver su gracia divina manifestada en las distintas personas, situaciones y épocas. Muchas historias, pasajes y salmos nos estimulan y dan esperanza.

Los Salmos 3 y 51, escritos por David, nos ayudan a entender la profundidad de la gracia de Dios, y la esperanza que brinda a todos los creyentes.

El Salmo 3 fue escrito por David después de haber cometido adulterio con Betsabé. David además asesinó a Urías, el esposo de Betsabé, para casarse con ella, y así encubrir su pecado. Su infidelidad sería expuesta con el embarazo de Betsabé.

Obviamente que el proceder de David fue horrendo, sin embargo, David se arrepintió, y Dios lo restauró y bendijo, por supuesto no sin disciplinarlo duramente.

El Salmo 3 fue escrito por David cuando huía de Absalón, su hijo, quien se había levantado contra él, apoyado por un ejército formidable. Absalón persiguió a su padre para asesinarlo y tomar el trono.

David sabía que Dios lo estaba disciplinando como consecuencia de su pecado. Ya Dios le había hecho saber que la espada no se apartaría de su casa. Sin embargo, David lejos de darse por vencido, o de alejarse de Dios, se refugió en Dios, confió totalmente en Dios.

Sabiendo que Dios lo había perdonado, David puso toda su esperanza en Dios, y ¡Dios lo liberó!

Las palabras de David fueron inspiradas por el mismo Espíritu Santo, y dadas para que nosotros entendamos que nuestra esperanza está siempre en Dios, no importa en donde y hasta adonde hayamos fallado, o la opinión y sentencia que otros dicten contra nosotros.

A continuación citamos las palabras de David, quien, a pesar de su gran pecado, fue usado por Dios para seguir guiando al pueblo de Israel, y plasmar Escritura para nuestra esperanza y edificación, para la gloria de Dios.

"¡Oh SEÑOR, cómo se han multiplicado
mis adversarios!

Muchos se levantan contra mí.

Muchos dicen de mí:
Para él no hay salvación en Dios. (Selah)

Pero Tú, oh SEÑOR,

eres escudo en derredor mío,
Mi gloria, y el que levanta mi cabeza.
Con mi voz clamé al SEÑOR,
Y Él me respondió desde Su santo monte. (Selah)
Yo me acosté y me dormí;
Desperté, pues el SEÑOR me sostiene.
No temeré a los diez millares de enemigos
Que se han puesto en derredor contra mí.
¡Levántate, SEÑOR! ¡Sálvame, Dios mío!
Porque Tú hieres a todos mis enemigos en la mejilla;
Rompes los dientes de los impíos.
La salvación es del SEÑOR.
¡Sea sobre Tu pueblo Tu bendición!"

Salmo 3

En el salmo 51 David después de haber pecado, refleja una vez más que Dios era su refugio y esperanza. David, arrepentido, sabía que en Dios hay perdón y restauración total. Sus palabras, una vez más, fueron inspiradas por el Espíritu Santo y dadas para nuestro provecho y edificación.

"Crea en mí, oh Dios, un corazón limpio,
Y renueva un espíritu recto dentro de mí.

No me eches de Tu presencia,
Y no quites de mí Tu Santo Espíritu.

Restitúyeme el gozo de Tu salvación,

Y sostenme con un espíritu de poder.

Entonces enseñaré a los transgresores Tus caminos,
Y los pecadores se convertirán a Ti."

Salmo 51:10-13

La gracia de Dios cubre nuestros pecados. Pero eso no significa que sea luz verde para vivir y permanecer en pecado. Si realmente conocemos a Dios, no usaremos su gracia divina como excusa para pecar.

Pero aun así, nadie puede ser aprobado por Dios, ni correr la carrera, aparte de su gracia divina, en todo momento, día a día.

Por la gracia de Dios nuestras fallas son borradas, y por la gracia de Dios podemos recibir la vida abundante y los favores divinos que Dios ofrece. Y por su gracia, su ayuda es suficiente para terminar nuestra carrera.

"la ley fue
dada por medio de Moisés;

la gracia y la verdad fueron hechas realidad
por medio de Jesucristo."

Juan 1:17

¡Bendita la maravillosa gracia de Dios!

JARDINES DE EL SEÑOR

El 2 de junio del 2021 llegué a El Salvador con la intención de establecer en Ataco, una base del ministerio de ELVELA.

¿Por qué Ataco?

La profesora Carolina Rosales había asistido a uno de mis seminarios, dado en un centro de capacitación del Ministerio de Educación de El Salvador cerca de la capital, San Salvador. Al final de la conferencia, en el 2017, me invitó a que fuera al centro escolar donde ella trabaja, en la ciudad de Santa Ana. Acepté con el mayor gusto.

Dimos conferencias a estudiantes y docentes. En dicha visita al centro escolar tuve el gusto de conocer también a su esposo, el profesor Óscar Hernández.

Ese fue el inicio de una relación de amistad con Oscar y Carolina, y los "ninos", sus hijos Jazmín y Josué Gabriel. Oscar y Carolina se entusiasmaron bastante con las conferencias y nuestro ministerio, y fueron clave para organizar conferencias en el 2018 y 2019 en otras escuelas, incluso en el Instituto Nacional de Santa Ana, donde dimos conferencias a unos 2,000 alumnos y unos 30 profesores.

Cuando viajaba para las conferencias en Santa Ana me hospedaba en las afueras del pueblo de Ataco, en la zona montañosa del Departamento de Ahuachapán, al occidente del país. Ataco es un pueblo turístico, localizado a una hora de distancia en carro de Santa Ana, y también a una hora de la frontera con Guatemala, además de estar también a una hora de distancia de la ciudad de Sonsonate.

Sentí que sería un lugar ideal para establecer un centro de conferencias del creacionismo, para admirar la creación de Dios y glorificar al Creador. Un lugar para entrenar al pueblo de Dios en esta área de la fe cristiana.

El lugar sería idóneo para enseñar la palabra de Dios, exponiendo todo el consejo de Dios, defendiendo los fundamentos de la fe. Un centro donde se promueva la sana interpretación y aplicación de las Escrituras desde el primer libro de la Biblia, Génesis.

¿Por qué Jardines de El Señor? El pueblo de Dios, la iglesia viva de Cristo, no es un edificio físico en el sentido natural. Es un edificio en el sentido espiritual, un edificio cuya piedra fundamental en la que está fundado es Cristo (Lucas 20:17, 1 Pedro 2:7). Pero también la iglesia viva de Dios es un jardín fructífero. Podemos leer sobre ello en varios pasajes de las Escrituras, incluyendo Juan 15:1-16 y Gálatas 5:22-23.

El 2 de abril del 2022, diez meses exactos a la fecha en que puse pie en El Salvador, dedicamos el terreno y edificio de Jardines de El Señor. Hemos tenido ya varios alcances, empezado a transmitir estudios bíblicos por las redes sociales (FB y YouTube), dado seminarios, y empezado a compartir la Palabra de Dios semanalmente en forma expositiva.

Seguimos buscando la guía del Señor en el desarrollo de la propiedad y ministerio regional. La obra es de Él y para la gloria de Él. El arquitecto y cabeza de la iglesia es el Señor, quien guía y capacita a sus discípulos por medio del Espíritu Santo.

"El justo florecerá como la palma,

Crecerá como cedro en el Líbano.

Plantados en la casa del SEÑOR,

Florecerán en los atrios de nuestro Dios.

Aun en la vejez darán fruto;

Estarán vigorosos y muy verdes,

Para anunciar cuán recto es el SEÑOR;

Él es mi Roca, y que en Él no hay injusticia."

Salmo 92:12-15

LA PALABRA DE DIOS: LUZ, REFUGIO Y FORTALEZA

La palabra de Dios ha sido, y es, luz para mi vida espiritual desde que recibí al Señor. Me ha dado fortaleza, paz, esperanza y dirección. Desde el principio descubrí el valor de meditar y memorizar Escritura. Cuando el enemigo ha lanzado sus dardos encendidos, la Palabra de Dios ha sido mi escudo y refugio.

En mis tiempos con el Señor, la Palabra de Dios me refresca, me corrige, me exhorta, me fortalece. A través de ella escucho la voz del Señor, quien por el Espíritu Santo me habla. Definitivamente no pudiera caminar por la senda del Señor y seguir al Buen Pastor si no escuchara su voz.

El Señor se manifiesta sobrenaturalmente a través de su palabra, de muchas maneras y en muchas ocasiones.

Recuerdo una mañana de verano, en la que estaba reunido temprano con la congregación de Orange, California, alrededor de la fogata. Acampábamos en las montañas de San Bernardino.

Israel dirigía las alabanzas con su guitarra. Había unas 100 personas reunidas alrededor de la fogata. El cielo, los árboles y la montaña presentaban un escenario inspirador. Yo había estado buscando del Señor en la madrugada, para poder compartir la meditación de esa mañana. El Señor puso un salmo en particular en mi corazón. Preparé, pues, la meditación.

En la mañana, cuando estábamos reunidos, le pedí a Israel que cantara una alabanza antes de dar la meditación. Para mi sorpresa, y la de los que estábamos reunidos, la alabanza que escogió nuestro amado hermano Israel era precisamente el salmo que iba compartir. No, no era coincidencia. ¡Dios estaba en el asunto!

Cuántas veces el Señor se ha manifestado en distintas ocasiones alrededor de su Palabra. Qué hermoso es experimentar al Señor, saber que Él está ahí con uno, que nos hace saber en forma tangible su Presencia.

Basta su palabra, por fe, para saber que el Señor está con nosotros, Él lo ha prometido. Pero el Señor también habló de señales y milagros que acompañarían a sus discípulos.

El Señor no está ausente, el Buen Pastor no se ha escondido de sus ovejas, está presente, nos guía, nos consuela, nos afirma en su amor, nos da su paz, nos fortalece, nos cuida.

"Pero a este miraré:
Al que es humilde y contrito de espíritu,
y que tiembla ante Mi palabra."

Isaías 66:2

EL EVANGELIO DE SALVACIÓN

Crecí con la idea de que la salvación del alma es algo incierto, que solo puede averiguarse cuando uno muere. Y en ese momento la persona va al infierno, a la condenación eterna, o al purgatorio, a penar por los pecados y ser purificado antes de entrar al cielo.

La única posibilidad de ir al cielo directamente, según entendía, era si me moría acabando de confesarme con un cura católico, o acabando de tomar la comunión, siempre que no hubiera transcurrido suficiente tiempo para cometer pecados veniales.

Y si había cometido pecados mortales, sin tener tiempo para ir a confesarme con un cura, entonces mi destino sería el infierno.

Las Escrituras, gracias a Dios, nos revelan algo mejor. Nos revelan que podemos saber acá en la tierra si tenemos vida eterna. Y aún más, nos revelan que podemos tener vida eterna a pesar de nuestras debilidades y tropiezos. No necesitamos tener la absolución de nuestros pecados por parte de un sacerdote católico.

Leamos al respecto lo que dice la Biblia:

"Ciertamente todo sacerdote está de pie,
día tras día,
ministrando y ofreciendo muchas veces
los mismos sacrificios,
que nunca pueden quitar los pecados.

Pero Cristo,
habiendo ofrecido un solo sacrificio por los pecados
para siempre,

se sentó a la diestra de Dios,
esperando de ahí en adelante
hasta que Sus enemigos
sean puestos por estrado de Sus pies.

Porque por una ofrenda
Él ha hecho perfectos para siempre
a los que son santificados.

También el Espíritu Santo nos da testimonio.
Porque después de haber dicho:
Este es el pacto que haré con ellos
Después de aquellos días,

dice el Señor:
Pondré Mis leyes en su corazón,
Y en su mente las escribiré,

añade:
Y nunca más me acordaré
de sus pecados e iniquidades.

Ahora bien, donde hay perdón de estas cosas,
ya no hay ofrenda por el pecado.

Entonces, hermanos,
puesto que tenemos confianza
para entrar al Lugar Santísimo
por la sangre de Jesús,
por un camino nuevo y vivo
que Él inauguró para nosotros
por medio del velo,

es decir, Su carne,

y puesto que tenemos un gran Sacerdote
sobre la casa de Dios,

acerquémonos con corazón sincero,
en plena certidumbre de fe,

teniendo nuestro corazón
purificado de mala conciencia
y nuestro cuerpo lavado con agua pura.

Mantengamos firme la profesión
de nuestra esperanza sin vacilar,
porque fiel es Aquel que prometió."

Hebreos 10:11-23

El sacrificio de Jesús en la cruz es pago necesario y suficiente por nuestros pecados.

Tal vez usted dice: "Pero entonces, ¿qué de los Diez Mandamientos?"

Los Diez Mandamientos nos hablan de la rectitud e integridad que es aceptable a Dios. Pero en el momento que violamos uno, nos hacemos transgresor de la ley, destinados al juicio y la condenación eterna.

Tal vez usted dice: "No soy tan malo, Dios me va a recibir en el cielo pues hago obras buenas, me bautizaron de niño y asisto a la iglesia con frecuencia."

La salvación no es cuestión de opinión humana. No es sabio arriesgar la vida eterna con opiniones no informadas, ni confirmadas con la Palabra de Dios.

De hecho, las Escrituras nos revelan a un Dios santo, perfecto, que odia el pecado. Nada contaminado por el pecado puede habitar en su presencia, o tener comunión con Él.

Dios odia al pecado, pero ama al ser humano, creado a Su imagen y semejanza. Hemos sido creados para tener comunión con Él. Es en base al amor que Dios nos tiene, que Él ha hecho por nosotros, lo que nosotros no podemos hacer, pagar la deuda que no podemos pagar.

Nuestro pecado requiere castigo. Un Dios justo no puede ignorar la injusticia, dejar sin consecuencias la desobediencia, la rebeldía, la maldad, el egoísmo, la codicia, y otras ofensas a Dios.

Dios odia la idolatría que reemplaza la gloria de Dios con imágenes hechas por hombres, o por objetos celestiales, por hombres o mujeres, o por animales.

El castigo del pecado es separación eterna. El destino del pecador es el lago de fuego y azufre creado por Dios para el diablo y sus demonios.

Pero Dios en su amor, envió a su Hijo Jesús quien, hecho semejante a los hombres, fue a la cruz a pagar el castigo y aplacar la ira divina que nuestros pecados provocan.

La salvación requiere reconocer y creer en Jesús, y su obra salvadora en la cruz. Requiere sujetarse humildemente a su señorío, dispuesto a obedecerle con la ayuda del Espíritu Santo. Él perdona nuestros pecados al venir arrepentidos a Él, y nos da vida eterna.

A continuación, presento algunas Escrituras que ayudarán a comprender el camino de salvación.

"Porque de tal manera amó Dios al mundo,
que dio a Su Hijo unigénito,

para que todo aquel que cree en Él,
no se pierda, sino que tenga vida eterna."

Juan 3:16

"Porque todos los que son de las obras de la ley
están bajo maldición,

pues escrito está:
Maldito todo el que no permanece
en todas las cosas escritas en el libro de la ley,
para hacerlas.

Y que nadie es justificado ante Dios por la ley
es evidente,
porque "El justo vivirá por la fe".

Sin embargo, la ley no se basa en la fe.
Al contrario, El que las hace, vivirá por ellas.

Cristo nos redimió de la maldición de la ley,
habiéndose hecho maldición por nosotros,
porque escrito está:
"Maldito todo el que cuelga de un madero"
a fin de que en Cristo Jesús la bendición de Abraham
viniera a los gentiles,
para que recibiéramos la promesa del Espíritu
mediante la fe."

Gálatas 3:10-14

"Si confiesas con tu boca a Jesús por Señor,
y crees en tu corazón
que Dios lo resucitó de entre los muertos,
serás salvo.

Porque con el corazón se cree para justicia,
y con la boca se confiesa para salvación.

Pues la Escritura dice:
"Todo el que cree en Él no será avergonzado."

Porque no hay distinción entre judío y griego,

pues el mismo Señor es Señor de todos,
abundando en riquezas para todos los que le
invocan;

porque: Todo aquel que invoque el nombre del Señor
será salvo."

Romanos 10:9-13

"En verdad les digo:
el que oye Mi palabra y cree al que me envió,

tiene vida eterna

y no viene a condenación,
sino que ha pasado de muerte a vida."

Juan 5:24

Le invito, si no lo ha hecho, a poner su fe en Jesús, y recibir la salvación que promete a los que arrepentidos vienen a Él.

Puede hacer una oración que refleje su sentir, su arrepentimiento, fe y decisión de seguir al Señor. Acá escribimos una oración que le va ayudar a hacerlo.

Dios mío, te ruego
perdones mis pecados,
los pensamientos, palabras,
y acciones que he hecho
y que te ofenden,
aun por lo que debo hacer
y no hago,
te ruego perdón.

Reconozco y creo que
Jesús vive,
que ha resucitado de la
muerte,
y que su sacrificio en la
cruz es ofrenda preciosa,

174

suficiente y aceptable
a los ojos de Dios
por mis pecados.

Hoy te recibo Jesús,
como Señor de mi vida,
dispuesto a obedecerte
con la ayuda de
tu Santo Espíritu.

Dame por favor
entendimiento de tu
Palabra,
y fortaleza para obedecerla.

Todo esto lo ruego en
nombre del Señor Jesús.

Amén.

Le animamos a que se congregue en una iglesia que
esté fundada en Cristo y su Palabra, guiada por el
Espíritu Santo, donde pueda ser edificado, y disfrutar
del amor de los hermanos en la fe.

Recursos Adicionales

La organización ELVELA tiene varios libros y recursos que podrán ser de ayuda en su caminar espiritual.

La página web es:

www.elvela.com

www.entendiendolasescrituras.com

Algunos de nuestros libros están disponibles en amazon.com

Made in the USA
Monee, IL
13 May 2024